CARTULAIRE
DE
NOTRE-DAME-DES-ARDENTS
A ARRAS

PAR

Louis CAVROIS

Chevalier de l'Ordre de Saint-Grégoire-le-Grand
Membre de l'Académie d'Arras

CereVM

ARRAS
Eugène BRADIER, ÉDITEUR
50, Rue Saint-Aubert, 50

1876

CARTULAIRE

DE

NOTRE-DAME-DES-ARDENTS

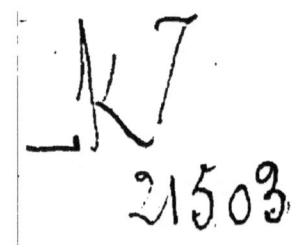

N. Dame des Ardents
28 Mai 1105

CARTULAIRE

DE

NOTRE-DAME-DES-ARDENTS

A ARRAS

PAR

Louis CAVROIS

Chevalier de l'Ordre de Saint-Grégoire-le-Grand
Membre de l'Académie d'Arras

C<small>ERE</small> VII

ARRAS

Eugène BRADIER, ÉDITEUR

50, Rue Saint-Aubert, 50

1876

A Sa Grandeur Monseigneur LEQUETTE,

Évêque d'Arras, Boulogne et St-Omer.

Monseigneur,

Permettez-moi de déposer respectueusement aux pieds de Votre Grandeur l'hommage de ce livre dont vous avez été le véritable inspirateur : n'est-il pas juste, en effet, que le Cartulaire *destiné à établir l'authenticité du Saint-Cierge soit dédié à l'éminent et bien-aimé Prélat que la Providence conserve heureusement à l'Église d'Arras, au Restaurateur du culte de Notre-Dame des Ardents dans ce pays ! Daignez donc accueillir cette œuvre avec votre bonté toute paternelle, et agréer aussi l'expression des sentiments dévoués avec lesquels j'ai l'honneur d'être,*

Monseigneur,
de Votre Grandeur,
Le très-reconnaissant et très-humble fils,

Louis CAVROIS.

Arras, le 1ᵉʳ mai 1876.

PRÉFACE

Dans les siècles passés, la Confrérie de Notre-Dame des Ardents possédait le CARTULAIRE des titres qui concernaient le Saint-Cierge d'Arras : nous savons par les indications des documents qui ont échappé à la destruction de nos archives, que ce précieux Recueil formait un grand volume en parchemin [1]. Si nous avions eu le bonheur de le conserver, notre devoir eût été de le publier dans son intégrité, trop heureux

---

[1] Voir, dans la Ire Partie, la note relative à la Donation de la Comtesse Mahaut en 1320, et celle concernant la Sentence de Pierre Daisnes en 1395. — IIe Partie, pièces n^{os} X et XVI. — Enfin le *Registre Thieulaine* (manuscrit des Archives de l'Évêché, ainsi appelé du nom de son premier rédacteur qui l'a commencé en 1607) nous confirme d'abord l'existence de ce Cartulaire en parchemin, fol. 85, 117, 118, 122, 123, 162, etc., mais il nous apprend en outre qu'il existait un second Cartulaire en papier, lequel n'était probablement qu'une copie du premier : la coexistence de ces deux registres nous est indiquée très-explicitement au folio 118 qui porte cette note en marge : « *Ces lettres sont registrées au Cartulaire en parchemin f° XXVI et au Cartulaire en papier f^o CXIII.* » D'après les indications du *Registre Thieulaine* et du *Mémoire de 1770*, dont notre Ire Partie est extraite, l'ancien Cartulaire contenait, indépendamment des chartes et titres relatifs à l'avénement du Saint-Cierge, tous les actes de donations et d'arrentements concernant les propriétés foncières de la Confrérie. La publication complète de ces derniers actes aurait offert un minime intérêt, d'autant plus qu'on trouvera l'énumération de ses revenus mobiliers et immobiliers dans la IIe Partie, pièces n°s XXXIII et XXXV.

de montrer à la génération présente comment ses devancières comprenaient le respect de l'histoire. Mais hélas ! ce manuscrit a disparu dans la tourmente qui a emporté tant de richesses intellectuelles, en sorte qu'aujourd'hui pour rétablir, autant que possible, la série des pièces qui le composaient, il faut les rechercher sur tous les points où le vent révolutionnaire les a emportées et dispersées. Tel est le travail auquel nous nous sommes livré, au moment où le rétablissement du culte de Notre-Dame des Ardents à Arras appelait la publication d'un livre, qui contînt sans doute l'histoire d'un miracle dont le peuple a besoin de se ressouvenir, mais qui renfermât surtout les pièces et les titres authentiques qui établissent la légitimité de cette croyance séculaire.

Déjà, depuis vingt-cinq ans, des hommes, dont la science nous inspire la plus profonde vénération, ont traité ce sujet avec une autorité incontestée et lui ont rendu la place qu'il doit occuper dans nos fastes historiques. Le premier d'entr'eux, qui ait consacré à Notre-Dame des Ardents un ouvrage spécial, est M. Ch. de Linas qui a publié, dès 1851, un travail sur « la Sainte-Chandelle d'Arras », et a fait en 1857, l'histoire complète de la Confrérie. Pendant ce temps M. Aug. Terninck venait d'éditer son livre de « Notre-Dame du Joyel » qui remonte à l'année 1853. Enfin nous voyons, en 1860, deux chanoines d'Arras, M. l'abbé Proyart et M. l'abbé Van Drival, composer successivement la « Notice sur la Sainte-Chandelle » et « l'histoire de Notre-Dame du Joyel » qui devaient populariser le culte que les trois premiers ouvrages avaient fait connaître aux savants [1].

La Commission, chargée d'organiser les fêtes de la translation du Saint-Cierge dans la nouvelle église de Notre-Dame des Ardents, a pensé qu'il était utile de réunir dans un même volume le récit du miracle de 1105 avec les documents qui le prouvent, en sorte que chacun puisse y trouver, selon son désir, ou la simple narration du fait ou les pièces qui établissent son authenticité. Ce dernier point est celui qui nous a paru le plus important dans les circonstances présentes, et c'est la raison du titre de ce livre.

Ces explications montreront pourquoi nous avons commencé notre travail par une *Introduction historique* dans laquelle nous retraçons séparément l'histoire du Saint-Cierge et celle de la Confrérie. Le Cartulaire proprement dit est divisé en deux parties : la première est la reproduction pure et simple d'un Mémoire composé avec un très grand soin, en 1770, dans le but de défendre la Confrérie contre les attaques dont elle était l'objet; nos lecteurs comprendront qu'à défaut de l'ancien Cartulaire, nous ayons édité un écrit dont l'auteur

---

[1] Tous les auteurs modernes, qui ont écrit l'histoire d'Arras, se sont occupés incidemment du Saint-Cierge ; nous citerons les ouvrages suivants : *Mémorial historique du Pas-de-Calais*, 1842, par M. Harbaville; *Arras et ses Monuments*, 1853 ; *Les Rues d'Arras*, 1856, par MM. le Cte A. d'Héricourt et Al. Godin ; *Notice sur la Ville d'Arras*, 1873, par M. Lecesne.

avait en mains toutes les pièces justificatives : l'autorité de sa parole couvre ainsi nos propres affirmations, et fait de la Première Partie le préambule nécessaire de la Seconde.

Dans cette dernière Partie, nous avons groupé par ordre chronologique tous les documents que nous publions : chaque siècle vient à son tour redire la foi de ses enfants à l'apparition miraculeuse de Notre-Dame des Ardents ; et si, comme nous l'espérons, nous avons retrouvé tous les anneaux de la chaîne, nous pourrons remonter avec certitude le cours de cette longue tradition et relier ainsi le temps présent avec les anciens âges.

L. C.

Arras, le 25 mars 1876.

INTRODUCTION HISTORIQUE.

SECTION PREMIÈRE.

HISTOIRE DU SAINT-CIERGE D'ARRAS

1105-1876.

Au commencement du XII⁰ siècle, une horrible épidémie ravageait les principales contrées de l'Europe : l'Italie, l'Allemagne, l'Angleterre et la France avaient été successivement frappées de ce nouveau fléau de Dieu que le peuple nomma le *mal des ardents* et que l'histoire a appelé *feu infernal*. Cette affreuse peste s'attaquait à toutes les parties du corps et les consumait impitoyablement sans qu'aucun remède pût arrêter les progrès d'une décomposition qui aboutissait fatalement à la mort. Nos plus belles provinces présentaient le spectacle lamentable de ces ouragans destructeurs qui changent, pour ainsi dire à vue d'œil, une riante cité en sombre nécropole : la Flandre, le Tournaisis, l'Artois, le Boulonnais, la Picardie, le Vermandois, le Soissonnais, la Lorraine, l'Ile-de-France, le Pays Chartrain, le Viennois et le Dauphiné formaient le vaste domaine où régnait cette étrange maladie. Les populations éperducs ne tardèrent pas à voir un châtiment du Ciel et implorèrent leur pardon par des actes charitables et des supplications publiques. C'est ainsi que fut fondé en 1095, dans le Viennois, l'Ordre de Chevalerie des Hospitaliers de saint Antoine.

A Paris, une grande procession fut organisée par les ordres de l'Évêque, en l'honneur de sainte Geneviève, dont les reliques furent portées à travers les rues de la ville ; au moment où la châsse de cette illustre triomphatrice d'Attila arriva à la Cathédrale de Notre-Dame, cent trois personnes atteintes du feu infernal se trouvèrent miraculeusement guéries. C'est pour perpétuer la mémoire de ce prodige que fut fondée, près de là, l'église de Sainte-Geneviève-des-Ardents, en 1131.

Entre les deux dates que nous venons de citer, l'heure de la miséricorde avait sonné pour la ville d'Arras ; mais les moyens dont Dieu se servit pour la sauver sont tellement extraordinaires qu'il est indispensable d'exposer les faits avec autant de précision que de clarté.

Disons de suite que ce sont des *Ménestrels* qui vont être les héros de cette scène : il faut donc que nous commencions par les faire connaître.

Ce nom poétique de ménestrel nous reporte en plein moyen-âge, à cette époque que des hommes injustes et ignorants ont trop longtemps calomniée, mais sur laquelle la lumière se fait, grâce aux investigations de la critique moderne. On finissait bien par admettre que les Abbayes, alors nombreuses et opulentes, avaient sauvé d'une destruction certaine tous les chefs-d'œuvre de l'antiquité, mais on ne se gênait pas pour ajouter qu'en dehors de ces oasis littéraires, tout n'était en France que ténèbres

intellectuelles. Fort heureusement cette affirmation était
le contraire de la vérité, et précisément au XIIe siècle,
nous voyons que la langue romane était arrivée à
l'apogée de son développement, grâces aux travaux des
trouvères qui ont été pour nos provinces du nord ce que
les troubadours furent pour le midi. Les trouvères, ainsi
que leur nom l'indique (*trovare*, trouver, inventer),
étaient des hommes d'étude et des poètes ; ils ont été
plus que des poètes, car ce sont eux qui ont fixé les
origines de notre langue d'oïl et se sont faits les véritables chroniqueurs de leur temps. Les recherches de
M. Raymond et de M. Arthur Dinaux ne laissent plus
aucun doute sur ce point. « On trouvera, dit ce dernier,
avec leurs titres littéraires, des renseignements philologiques et historiques sur les vieilles coutumes, l'ancien
langage, les proverbes du moyen-âge, les nobles et antiques familles qui protégèrent la poésie et la littérature,
et enfin tout ce qui accompagne et encadre nos premières
productions en *l'art de rhétorique*, c'est-à-dire en vers,
et cela puisé aux plus pures sources de nos archives et
de nos manuscrits. — Outre les étymologies de notre
langue qu'on y découvre, la naissance de nos proverbes
et dictons populaires, la peinture des mœurs anciennes,
on est agréablement surpris de faire là des découvertes
curieuses et piquantes ; si nous pouvons nous exprimer
ainsi, c'est de l'archéologie littéraire [1]. »

A ceux qui s'étonneraient que nos froides contrées
septentrionales aient pu produire de tels poètes, nous
ferons observer que les Pays-Bas sont la patrie des

---

[1] *Les Trouvères brabançons*, par Arthur Dinaux, p. VII et XII.

anciens Bardes [1] et que c'est de l'alliance de leur langue originaire avec le latin apporté chez nous par la conquête romaine, qu'ils formèrent la langue *romaine*, mère de notre langue nationale et française [2].

Les trouvères chantaient leurs poésies, et c'est surtout alors qu'ils s'appelaient Ménestrels [3] ou Jongleurs dans le sens étymologique de *Joculatores* [4]. Il n'est donc pas sans intérêt de remarquer que le nom de ménétriers est indigne d'eux et ne leur convient en aucune façon.

Ces explications données sur le caractère historique et littéraire des ménestrols, il s'agit de montrer quel rapport existe entre eux et le Saint-Cierge d'Arras, — et c'est précisément un trouvère artésien qui va nous le dire :

« La douce Mère Dieu ama son de viele,
A Arras la cité fist cortoisie bele ;
Aux Jougleors dona sainte digne Chandele
Que n'oseroit porter le prieur de la cele [5]. »

Les deux « Jougleors » dont il est ici question s'appelaient Pierre Norman et Itier. Norman habitait le châ-

---

[1] *Sunt illis hæc quoque carmina, quorum relatu, quem* BARDITUM *vocant, accendunt animos, futuræque pugnæ fortunam ipso cantu augurantur.* TACITE, *De moribus Germanorum, cap. III.*

[2] La langue romaine s'est perpétuée dans le *patois* de nos campagnes qui marque parfaitement la transition du latin au français. En voici un exemple :

« Le sire de Créki adonc ne fent occhi,
« Reprint lie chievalier ; car, dame, le veuchy :
« Ravisiez been, chey my. »

— M. d'ARNAUD, *Nouv. historiq.*, tome 1, *Raoul, sire de Créquy.*

[3] Ménestrel, mot dérivé du latin *ministerialis* (homme au service d'un autre), parce qu'originairement les ménestrels mettaient en musique les poésies des trouvères.

[4] Une rue d'Arras porte encore aujourd'hui le nom de *rue des Jongleurs.*

[5] *Cele* veut dire couvent. — Extrait du *Dit des Taboureurs*, dans les *Trouvères artésiens*, par Art. Dinaux, p. 9.

…eau de Saint-Pol, en Artois, tandis qu'Itier demeurait à Tirlemont, dans le Brabant; mais ces deux hommes avaient eu l'occasion de se rencontrer dans les fêtes et tournois littéraires où ils exerçaient leur art; au milieu de ces luttes poétiques, la jalousie et la haine s'étaient un jour glissées pour armer la main de Norman d'un glaive homicide; dans un accès de fureur, Norman avait tué le frère d'Itier! Une inimitié profonde s'était donc établie entre ces deux Ménestrels et faisait craindre une nouvelle effusion de sang, s'ils se retrouvaient jamais ensemble.

La Providence, qui sait tirer le bien du mal, daigna profiter de cette situation qui avait rendu absolument impossible une entente préalable entre ceux dont elle allait se servir. Et c'est ici que nous entrons dans la partie toute mystérieuse du récit.

Dans la nuit du mercredi 24 au jeudi 25 mai de l'année 1105 [1], Itier, le trouvère brabançon, fut favorisé d'une vision merveilleuse: une femme toute vêtue de blanc, dit la Chronique, lui apparut en songe et lui dit: « *Tu dors, tu dors? écoute ce que j'ai à te dire: lève-toi et pars pour la sainte Sion d'Arras, lieu sacré où tant de malades, au nombre de cent quarante-quatre, endurent de mortelles souffrances. Je te ferai savoir en y arrivant, le lieu et le temps convenables pour que tu puisses parler au prêtre Lambert qui gouverne cette église, et lui raconter cette vision. Tu lui recommanderas de veiller, lui troisième, pendant la nuit de samedi à dimanche, et de visiter*

---

[1] Ces indications concordent avec l'*Art de vérifier les dates.*

les malades qui se trouvent dans l'église. Au premier chant du coq, une femme vêtue comme je le suis maintenant, descendra du haut du chœur de l'église, tenant en main un cierge qu'elle vous remettra. Après l'avoir reçu et allumé, vous en ferez dégoutter la cire dans des vases pleins d'eau que vous donnerez à boire aux malades et que vous répandrez sur leurs plaies ; et ne doutez point que ceux qui recevront ce remède avec foi seront rendus à la santé ; ceux au contraire qui n'y croiront pas, mourront de leur maladie. Vous vous associerez Norman, celui-là même à qui tu portes une haine mortelle, et qui se trouvera en ta présence samedi prochain ; et lorsque vous vous serez réconciliés ensemble, vous l'admettrez comme troisième compagnon [1]. »

Dans la même nuit, la même Vision apparut à l'autre ménestrel, Pierre Norman, qui était de retour à Saint-Pol. On comprend qu'à son réveil, il eut peine à se rendre compte des merveilles qu'il venait de voir et de celles qui lui étaient annoncées ; il portait dans son cœur le remords du meurtre qu'il avait commis ; il devait saisir avec empressement cette occasion de réparer sa conduite coupable ; aussi nous le voyons s'écrier : Oh ! qu'elle est belle, qu'elle est majestueuse la vénérable Mère de Dieu qui m'est apparue ! Ah, que ne puis-je, sous sa conduite et sa protection me réconcilier avec mon ennemi et lui être uni par les liens de la charité ! Que ne puis-je, par la miséricorde de Dieu et l'aide de la Bienheureuse Vierge Marie, apporter à tant de malades la nouvelle de leur guérison ; mais je crains d'être le jouet d'une illusion ;

---

[1] Voir le texte de la Charte de 1133, dans la IIe Partie, pièce n° IV.

je veillerai donc pendant les trois nuits suivantes et je verrai si cette vision se représentera à mes yeux. Oh! plaise à Dieu qu'elle revienne ! — Cela dit, Norman se lève et se rend à l'église pour prier et s'abandonner à la volonté de la Providence.

La nuit suivante (du 25 au 26 mai), la même Vision réapparaît aux mêmes ménestrels, les menaçant d'être atteints à leur tour par le feu des ardents, s'ils ne se hâtent d'exécuter ses ordres.

Après cette double épreuve, Norman et Itier ne pouvant plus hésiter, se mettent tous deux en route, vers Arras, dès le vendredi matin. Norman qui n'avait que quelques lieues à parcourir, arriva à Arras le soir même tandis qu'Itier dut s'arrêter et passer la nuit à deux mille de la ville [1].

Nous sommes au samedi 27 mai 1105 : Norman qui se trouvait à Arras depuis la veille au soir, se lève de grand matin et se rend en toute hâte à la cathédrale, située au milieu du Cloître Notre-Dame [2], et après avoir traversé la foule des malades qui y accouraient de toutes parts pour demander à Dieu leur guérison, il aperçoit le vénérable Évêque Lambert qui était en oraison devant l'autel de Saint-Séverin. — Que désirez-vous, mon frère ? lui dit l'Évêque. — Saint père, j'ai plusieurs choses à vous dire, s'il plaît à votre paternité de recevoir les secrets que je viens lui révéler. — Lambert l'invite alors à s'asseoir à ses pieds et écoute le récit de la double apparition

[1] Il est probable qu'Itier a suivi, pour se rendre en Artois, la voie romaine de Tournay à Arras passant par Beaumont et Bailleul-sire-Berthould.

[2] Le cloître Notre-Dame comprenait la place actuelle de la Préfecture et les trois rues des Chanoines, de Notre-Dame et des Morts.

dont Norman vient d'être favorisé. Puis il lui demande son nom, sa demeure et son état. — Après avoir entendu sa réponse, l'Évêque ajoute : mon frère, vous voulez me tromper. — Norman, tout confus de ce reproche, n'osa pas insister davantage et se retira dans l'église. Il était neuf heures du matin ; de son côté Lambert quitte la cathédrale, et s'en va célébrer la messe dans la Chapelle de l'Évêché ; pendant ce temps, Itier était arrivé à Arras, et s'était rendu au palais épiscopal pour s'acquitter de sa mission. Aussitôt après la messe, il se présente à l'Évêque et lui raconte le motif de son voyage. Lambert alors ne peut s'empêcher de s'écrier : c'est un piége que vous me tendez, car vous vous êtes entendu avec celui qui m'a parlé avant vous pour me tromper! — Puis s'engage entr'eux un dialogue qu'il faut lire tout entier dans la Charte d'Alvise parce qu'il prouve bien la bonne foi de ces hommes qui n'étaient que les instruments dociles de la Providence. Itier apprend la présence de Norman à Arras et, n'écoutant que le ressentiment de son cœur, veut se mettre à sa poursuite et venger la mort de son frère. D'autre part, l'Évêque, comprenant que la haine qui existe entre ces deux hommes s'oppose à toute idée de complicité pour l'induire en erreur, croit à la sincérité de leurs déclarations et les appelle devant lui : alors il leur montre dans un langage tout rempli de la charité évangélique, que pour accomplir l'œuvre dont Dieu les a chargés, ils doivent d'abord déposer toute inimitié et se donner le baiser de la réconciliation. Les deux ménestrels ne peuvent résister à un tel langage et se préparent par ce grand acte d'abnégation chrétienne à l'immense faveur dont ils vont être l'objet. D'ailleurs, on était aux vigiles de la Pentecôte ; outre le jeûne ordinaire qui ne leur suffit plus, ils se condamnent, sur le conseil de l'Évêque, à ne prendre que du pain et de l'eau ; et, dès que le soir est arrivé, ils se rendent avec Lambert dans la cathédrale pour y passer la nuit en prières.

Au premier chant du coq [1], dit la Chronique, c'est-à-dire vers 3 heures du matin, ils virent descendre du sommet de la voûte la Très-Sainte Vierge, toute resplendissante de clarté, et tenant dans ses mains un Cierge divinement allumé. *Approchez*, dit-elle aux ménestrels, *voici un cierge qui sera désormais le gage spécial de ma miséricorde et que je vous confie. Toute personne atteinte du mal qui s'appelle feu infernal, n'aura qu'à faire distiller des gouttes de ce cierge dans l'eau : elle en arrosera ses plaies qui seront immédiatement guéries. Celui qui croira, sera sauvé ; mais celui qui ne croira pas, sera frappé de mort* [2].

Cela dit, la Vierge disparaît dans les airs, et laisse les ménestrels en possession du céleste flambeau. Sans

---

[1] Cette expression désigne l'heure la plus matinale. Dans le langage liturgique, l'office des Laudes doit être chanté *ad galli cantum*, c'est-à-dire à l'aurore.

Dans le récit de la Passion de Notre-Seigneur, le texte sacré dit après le troisième reniement de saint Pierre : *Et statim gallus cantavit. Adducunt ergo Jesum a Caïpha in prætorium. Erat autem mane.* C'était aussi de très-grand matin, le Vendredi-Saint.

Enfin le *Dictionnaire universel* de Trévoux donne cette définition : « On appelle le chant du coq, *galli cantus*, le point du jour, parce que les coqs chantent en ce temps-là. » Or, on ne doit pas oublier qu'à la fin du mois de mai on est près du solstice d'été et que si le jour réel se lève à quatre heures, l'aurore ou crépuscule du matin commence au moins une heure plus tôt.

[2] Charte d'Alvise.

perdre un seul instant, ils font apporter dans l'église trois vases remplis d'eau et y distillent quelques gouttes de cette cire merveilleuse ; puis, de concert avec le vénérable Évêque, ils distribuent cette eau à tous les malades qui se trouvaient rassemblés, au nombre de cent quarante-quatre, dans la Cathédrale et les cloîtres environnants. Quand ils furent arrivés au dernier, celui-ci demanda : Est-ce de l'eau ou du vin ? — C'est de l'eau, lui répondent-ils. — Le malheureux leur réplique que le vin est plus salutaire que l'eau, et ne boit qu'à contre-cœur le breuvage qui lui est présenté ; aussi l'histoire ajoute qu'il ne tarda pas à succomber, tandis que tous les autres pestiférés furent subitement guéris.

Qui pourra dire les transports de joie et les chants d'allégresse qui éclatèrent alors de toutes parts ? Ce ne fut qu'un cantique d'actions de grâces jusqu'à neuf heures du matin ; mais à ce moment, le clergé et le peuple se pressaient en foule dans l'église pour voir les merveilles qui venaient de s'accomplir et assister à la messe solennelle du dimanche. Toutefois l'Évêque Lambert, avant de la commencer, sentit le besoin d'offrir à Dieu un nouvel hommage de reconnaissance et entonna le *Te Deum* auquel toute l'assistance répondit avec enthousiasme.

Les ménestrels placèrent le Saint-Cierge dans la Cathédrale sur l'autel de Saint-Séverin où avait eu lieu l'apparition : cette chapelle fut nommée depuis lors *Notre-Dame-de-l'Aurore* [1], ce qui prouve une fois de plus que l'avénement du Saint-Cierge eut lieu le matin du di-

---

[1] Pour retrouver aujourd'hui la place exacte de l'ancienne chapelle de Saint-Séverin, et par conséquent de l'autel de Notre-Dame de l'Aurore, voir notre Notice sur les Antiquités du Cloître Notre-Dame, à

manche de la Pentecôte, 28 mai 1105. C'est aussi pour cette raison que l'anniversaire de cette grande fête avait été choisi pour la réception des Membres dans la Confrérie qui fut fondée en l'honneur de Notre-Dame-des-Ardents et dont nous parlerons plus loin.

Tel est dans toute sa simplicité et toute sa grandeur le récit de ce prodige qui confond notre raison et remplit notre cœur d'une profonde reconnaissance pour la Vierge qui daigna accorder à notre ville d'Arras un bienfait aussi exceptionnel. Il ne nous appartient pas de juger les moyens dont il a plu à Dieu de se servir pour nous faire ce don précieux que le peuple ne tarda pas à nommer le *Joyel* ou *Joyau* (*Jocale*, bijou), au souvenir des Jongleurs (*Joculatores*) qui avaient reçu le Saint-Cierge.

Dans les révélations que Dieu fait à l'homme, tous les détails ont leur importance et méritent d'être étudiés. Remarquons d'abord avec quel soin jaloux la Providence a environné ce fait miraculeux de tous les motifs de crédibilité que nous pouvions désirer : elle choisit deux hommes ennemis, pour empêcher le soupçon de complicité. Elle les prend dans la classe lettrée de la société

Arras, qui indique la concordance des plans de l'église actuelle Saint-Nicolas-en-Cité avec l'ancienne cathédrale. Le plan terrestre de cette cathédrale a été publié par M. Aug. Terninck dans son *Essai sur l'ancienne Cathédrale d'Arras*. La chapelle de Notre-Dame de l'Aurore était, dans le pourtour du chœur, la première à droite du côté de l'épître : il en résulte que son emplacement actuel est, sur la place de la Préfecture, à une dizaine de mètres du mur gauche de Saint-Nicolas, au-devant de la première fenêtre de la sacristie de cette église. Nous serions heureux de voir ériger sur ce terrain vague un signe commémoratif du miraculeux événement qui s'y est passé.

(nous avons insisté sur ce point), et nous rassure ainsi sur le danger de la crédulité et de l'ignorance : pour déjouer les calculs de notre orgueil, la Vierge, dans un siècle humble et croyant, apparaît aux savants, à l'élite du clergé et du peuple ; et dans notre temps si fier de ses progrès, c'est à deux bergers des Alpes, ou à une pauvre fille des Pyrénées, ou bien encore à de petits enfants du Maine qu'elle veut se manifester.

Si le Saint-Cierge est remis aux ménestrels, c'est en présence de l'Évêque Lambert qui représentait l'autorité et la garantie de l'Église. Leur triple témoignage n'est-il pas ensuite corroboré *par ce fait* de la guérison complète et instantanée, d'abord des malades qui encombraient les abords de la chapelle Saint-Séverin, et de ceux qui usèrent plus tard de ce breuvage merveilleux.

Enfin nous nous demanderons pourquoi c'est un cierge qui a été l'instrument de tous ces prodiges, et nous ne pouvons que reproduire la judicieuse réponse qui a été faite à cette question : « Rien de plus usité dans les cérémonies de l'Église que les cierges composés de cire; et l'Église attache un sens si bien déterminé à la substance dont ces cierges doivent être formés, qu'elle n'admet aucune matière autre que la cire à l'honneur de servir immédiatement au saint Sacrifice des autels. Ellemême du reste a pris soin de nous instruire du sens qu'elle attache à cet objet, et elle le fait par ses docteurs et sa liturgie. La cire, nous dit saint Méliton au second siècle, représente la chair sacrée de Jésus-Christ : « *Cera, caro Christi* ». La cire, nous disent les auteurs sacrés du Moyen-Age, est l'œuvre des abeilles, ces mystérieux animaux où la virginité se rencontre comme élément principal, sans exclusion de la maternité ; à cause de cela, on peut voir dans la cire l'emblème de la chair sacrée du Rédempteur, de cette chair qu'il a prise de la glorieuse et immaculée Vierge Marie. La lumière signifie la divinité qui s'est unie à cette humanité sainte, et l'ensemble de ce symbole figure ainsi l'incarnation du Fils de Dieu, l'habitation du Verbe au milieu des enfants des hommes, la guérison du genre humain et sa réconciliation avec le ciel. On exprimait autrefois ces idées dans deux vers latins assez curieux et que nous rapporterons ici :

« *Accipe per ceram carnem de Virgine veram,*
Per lumen, numen, majestatisque cacumen. [1] »

L'origine du Saint-Cierge étant bien établie, il nous reste à suivre cette précieuse relique dans toutes les phases qu'elle a parcourues depuis le XIIᵉ siècle jusqu'à nos jours.

Le Saint-Cierge ne resta dans la cathédrale que pendant l'Octave de la Pentecôte, car les ménestrels à qui il avait été donné l'emportèrent auprès de l'hôpital Saint-Jacques où ils demeuraient, et le placèrent dans l'église de Saint-Aubert, en face de leur habitation [2]. Mais la

---

[1] *Histoire de Notre-Dame du Joyel,* par M. le chanoine Van Drival, p. 32-34.

[2] L'église Saint-Aubert était située au coin de la rue Saint-Aubert, n° 63, et de la rue des Gauguiers, n° 1.

L'hôpital Saint-Jacques formait, en face, le coin de la rue des Agaches et de la rue Saint-Aubert, du côté de l'hôpital Saint-Jean. Plus tard, il fut transféré près de l'église Sainte-Croix. Par une concession de l'an 1218, les bienfaiteurs de l'hôpital Saint-Jacques furent admis à la participation des prières de la Confrérie des Ardents. — IIᵉ *Partie, pièce n° IX.*

foule des visiteurs devint tellement grande qu'elle interrompait le service de la paroisse, en sorte que le Joyel ne resta que quatre ans à Saint-Aubert, depuis 1105 jusqu'à 1109.

On comprit qu'il n'était plus possible de le laisser dans une église paroissiale, et on le transporta, en 1109, dans la chapelle de Saint-Nicolas, située près de là, dans la rue des Agaches, en face du pont de Saint-Vaast. Cette chapelle dépendait de l'hôpital Saint-Nicolas qui occupait l'angle de la rue des Agaches et de la rue actuelle de la Madeleine : il paraît certain que cette maison de charité fut établie par nos ménestrels pour recevoir les malades atteints du feu infernal, qui venaient demander leur guérison au Saint-Cierge ; c'est ce qui nous explique pourquoi les chartes anciennes l'appelaient *Saint-Nicolas-des-Ardents* ou *Maison des Ardents de Notre-Dame*.

Malheureusement les malades qui habitaient loin d'Arras ne pouvaient pas tous s'y rendre, soit à cause de la difficulté des transports, soit à raison même de leurs souffrances : pour leur venir en aide, les Evêques eurent la pensée de réunir toutes les gouttes de cire qui restaient à la surface de l'eau, lorsqu'on s'était servi du Joyel, et ils en formèrent de nouveaux cierges qu'ils offrirent à différentes églises, dont on trouvera la nomenclature dans la II° Partie de ce Cartulaire [1]. On ne s'étonnera pas de voir Norman et Itier obtenir cette faveur tout d'abord pour leur pays natal qu'ils avaient dû abandonner pour se fixer à Arras, où ils moururent dans cet hôpital de Saint-Nicolas-des-Ardents qu'ils avaient fondé.

[1] Pièce n° XXXVI.

L'évêque Lambert, mort en 1115, fut remplacé par Robert qui avait été témoin de l'avènement du Saint-Cierge et qui fit placer sur la tombe de son prédécesseur une épitaphe dont nous sommes heureux de posséder le texte [1] puisqu'il témoigne encore de l'apparition de Notre-Dame des Ardents à Arras.

Parmi les personnages éminents qui vinrent honorer la précieuse relique de la Chapelle Saint-Nicolas, il faut citer, en première ligne, l'illustre saint Bernard que la ville d'Arras eut le bonheur de posséder, en 1131, au commencement de l'épiscopat de l'évêque Alvise qui rédigea un récit authentique du miracle de 1105. Saint Bernard témoigna au Prieur de l'abbaye de Saint-Vaast où il était descendu, le désir de voir le Saint-Cierge ; il en fut si ravi qu'il fit ériger une croix, en mémoire de ce fait, au devant de l'Abbaye et en face de la Cour-le-Comte où résidaient les souverains de l'Artois [2].

Arras était alors la capitale de ce vaste Comté de Flandre qui s'étendait entre la Somme, l'Escaut et la mer. Le comte de Flandre, Thierry d'Alsace, qui y avait sa résidence, témoin de tous les prodiges qui s'accomplissaient à la porte même de son palais, voulut affirmer sa vénération pour le Saint-Cierge en faisant construire pour le recevoir une grande chapelle avec d'immenses dépendances dans un terrain qui prit le nom de *Préau des Ardents* [3]. C'est là qu'en 1140, le Joyel fut transporté

---

[1] Voir IIe Partie, pièce n° I.

[2] Ferri de Locre. — Le P. Fatou.

[3] C'est à travers ce terrain qu'on ouvrit plus tard une rue qui fut appelée rue Neuve-des-Ardents, actuellement rue du Tripot. Cette chapelle existe encore et fait partie de la Brasserie de la rue du Tripot, n° 7.

et qu'il est resté pendant un espace de 75 ans, après avoir passé 31 ans dans la chapelle Saint-Nicolas.

La chapelle du Préau ne devait pas être encore le sanctuaire définitif du Saint-Cierge. A ce trésor incomparable il fallait un temple et un emplacement exceptionnels : c'est au centre de la ville et au milieu même de sa place publique que ce monument devait être érigé. Mais avant d'y être transféré, le Saint-Cierge fut revêtu d'une enveloppe ou custode d'argent niellé et vermeil, don de la comtesse Mahaut de Portugal, veuve de Philippe d'Alsace. Cet admirable étui que, par une faveur providentielle, nous possédons encore, malgré toutes les vicissitudes dont nous parlerons, date du commencement du XIIIe siècle. D'après les auteurs anciens, le Saint-Cierge était long de trois quarts, en mesure d'Artois (soit 53 centimètres) et avait une base de cinq tailles de diamètre (soit 12 centimètres). La custode qui le renferme a la forme d'un cône très-allongé, de 62 centimètres de hauteur : elle est divisée en deux parties distinctes qui s'emboîtent l'une dans l'autre. Du reste, nous n'entreprendrons pas de faire une nouvelle description de cette châsse après celle qu'en a donnée M. de Linas avec une érudition que nous nous plaisons à reconnaître. Voici comment il s'exprime : « La partie inférieure, haute de $0^m,293$, sur un diamètre de $0^m,73$, semble n'avoir éprouvé que de très-légères avaries ; elle se compose d'une base circulaire que décorent trois guirlandes de quatrefeuilles et quintefeuilles ciselées en vermeil, et deux grands ornements placés l'un au-dessus de l'autre. Ces ornements sont séparés par deux lames d'argent niellé qui représentent des rinceaux de vigne entremêlés d'animaux fantastiques avalant leur queue. La tête de quelques-uns de ces dragons ailés ou aptérés est coiffée d'une couronne royale. Le premier grand ornement ou premier étage, à partir du bas, est percé de quatre ouvertures ; c'est par les jours de ces fenêtres ogivales, à baies géminées, dites à lancettes, que l'œil des fidèles pouvait contempler le Saint-Cierge. Des trumeaux couverts d'arabesques en filigrane de vermeil, d'une forme et d'une finesse exquises, établissent la séparation ; des perles, des feuilles de vigne et des fleurs de lys courent le long des cordons intermédinaires. Le second étage offre la répétition du premier ; seulement, les baies sont fermées ou remplacées par des plaques d'argent niellé, exposant en quatre figures la légende de 1105. On y voit d'abord la Sainte-Vierge debout sur un fond semé de dix roses, neuf à cinq pétales, la dernière à six ; Marie est reine et sainte, elle tient à la main comme un sceptre, le précieux flambeau qu'elle apporta du ciel, et sa tête nimbée se pare en outre de la couronne terrestre. Vient ensuite l'évêque Lambert à genoux, en habits pontificaux ; il est coiffé de la mitre, et sa crosse feuillagée s'appuie sur un bras bizarrement absent. Enfin, paraissent Itier et Norman portant suspendues à leur côté, l'un une viole, l'autre une vielle, ou plutôt l'étui de cet instrument. Itier est agenouillé les mains étendues et placé comme Lambert sous une arcade trilobée que soutiennent des colonnettes ; Norman debout affecte l'attitude d'un homme qui voit et désigne un objet extraordinaire ; tous deux sont nu-tête, cheveux assujettis par un bandeau en forme de diadème uni. Le travail des quatre figures est dur et passablement grossier. Le dessous, qui peut s'enlever comme un fond de boîte, est orné à l'extérieur d'un Agneau de Dieu gravé en creux, dont, particularité singulière, la poitrine est traversée d'outre en outre par la croix qu'il soutient. La seconde moitié, beaucoup plus détériorée que la précédente, consiste en un éteignoir conique de 0^m, 327 de hauteur sur 0^m, 065 de diamètre moyen; elle s'adapte au cylindre inférieur à l'aide de deux oreilles en argent de travail moderne et que pour ce motif je n'ai pas fait dessiner. Le système est revêtu dans toute sa longueur de neuf lames d'argent, dont quatre couvertes d'arabesques en filigrane de vermeil, comprises entre deux rangs d'arcatures à plein cintre et les cinq autres ornées de nielles figurant des têtes bizarres, des animaux fantastiques et des rinceaux. L'extrémité qui s'effile brusquement en pointe amortie par un bouton, est chargée de fleurs et d'oiseaux ciselés en relief.

« Le mode de fabrication employé pour exécuter cet étui est fort simple : sur une carcasse d'argent battu, l'orfèvre a fixé, au moyen de clous et de soudures, les morceaux séparés qui en forment le revêtement ; aussi, toutes les avaries survenues depuis le XIIIe siècle ont-elles été fort mal réparées, et, qui pis est, plusieurs lames se présentent maintenant à l'envers. Deux couronnes mobiles, l'une fleurdelisée en vermeil, l'autre d'argent, ont été, j'en ai la certitude, ajoutées en 1562, à la suite d'une opération maladroite qui détériora la custode [1]. »

[1] La Sainte-Chandelle d'Arras, par M. de Linas. *Annales archéologiques*, in-4°, 1850-1851.
La Confrérie de Notre-Dame des Ardents d'Arras, par le même. In-4°, 1857, pages 55-57.

Ajoutons qu'en 1860, cette custode a été l'objet d'une nouvelle restauration, à l'occasion de la procession solennelle organisée en l'honneur du Bienheureux Benoît-Joseph Labre.

En même temps qu'elle faisait fabriquer ce merveilleux étui, la comtesse Mahaut ordonnait l'érection d'une nouvelle chapelle surmontée d'une élégante flèche ou pyramide, construite sur le modèle même de la custode dont elle reproduisait en sculptures de pierre les dessins délicats. Cet édifice était un véritable bijou d'architecture : il s'élevait au milieu de la Petite-Place d'Arras, entre l'Hôtel-de-Ville et la Maison-Rouge. Commencé en l'année 1200, il ne fut terminé qu'en 1215, époque à laquelle le Saint-Cierge y fut déposé. C'est là qu'il est resté pendant 576 ans, et qu'il a reçu, pendant près de six siècles, les hommages de toutes les classes de la société, car les rois y vinrent joindre leurs prières à celles de leurs sujets, de même que les Papes et les Evêques encourageaient la dévotion des fidèles par la concession de nombreuses indulgences. Il suffit de rappeler les visites du roi Louis XI, en 1463, des archiducs Albert et Isabelle en 1600, et de Louis XIV en 1667. D'autre part les noms des Papes Gélase II, Clément VI, Sixte IV, Innocent VIII, Clément VIII, Paul V et Innocent X ne laissent aucun doute sur la haute approbation que les Souverains-Pontifes ont donnée au culte de Notre-Dame des Ardents ou du Joyel. Et quant aux Evêques d'Arras, il faudrait les citer presque tous, si nous devions rappeler toutes les marques de vénération qu'ils ont multipliées à l'égard de la sainte relique. Nous aurons du reste l'occasion de revenir sur ce sujet dans la Seconde Section de cette Introduction.

Aux hommages des Princes de l'Église et des Souverains du pays, vinrent s'ajouter ceux des Notables de la ville d'Arras : à leur tête figure Jean Sacquespée, mayeur et seigneur de Baudimont qui fonda, en 1421, dans la chapelle du Marché [1], une messe qui devait être dite à perpétuité, chaque jour à huit heures du matin. Dans ce but il assura à un Chapelain un émolument de quarante livres parisis payables par la commune d'Arras sur le revenu du droit de *fouée* qui lui appartenait [2].

De plus, Jean Sacquespée fit élever à côté de la Pyramide une seconde chapelle, qui fut plus tard reconstruite en forme de rotonde, à cause des dégradations dont elle avait souffert pendant le siége d'Arras en 1640.

Enfin ce généreux bienfaiteur renferma la custode d'argent, donnée par Mahaut, dans une seconde enveloppe en cuivre émaillé, dont le P. Ignace nous fait cette laconique description : « Elle est de cuivre rouge à six pans, ornée d'émailles, où sont représentés les faits de cette histoire [3]. »

---

[1] C'est ainsi qu'on appelait quelquefois la chapelle de la Petite-Place parce que c'était la place du marché de la ville.

[2] Voir la pièce n° XXI dans la IIe Partie.
Ce droit de *fouée* était une sorte de droit d'octroi sur les fagots, laigue et tous bois de chauffage introduits dans la ville. *Reg. Thieulaine*, folio 182, r.

[3] P. IGNACE, *Dictionnaire*, tome IV, p. 538.
M. de Linas ajoute à cette citation : « J'ai tout lieu de croire qu'une enseigne de pèlerinage en argent, publiée par M. Dancoisne (dans *Notre-Dame du Joyel*, par M. Aug. Terninck, pl. I, fig. 3), offre une image grossière, mais suffisamment intelligible, de l'étui du XVe siècle, car les traditions que j'ai recueillies le dépeignent comme étant une reproduction exacte de la Pyramide. » *La Confrérie de Notre-Dame des Ardents*, p. 57.

Dans la Chronique que nous allons éditer [1], on mentionne un fait qui ajoute, pour le Saint-Cierge, au miracle de son origine, celui de sa conservation ; nous le voyons, en effet, augmenter de volume à des époques dont on a conservé les dates : c'est notamment en 1562, 1600, 1623, 1660 et 1665. Pour nous prouver la réalité de ce prodige, Hennebert [2] nous dit en parlant du Joyel : « Le P. Constantin, qui l'a mesuré le 11 juin 1735, a compté, depuis la base de l'étui jusqu'à l'extrémité du Cierge, 17 pouces de cire d'une couleur tirant sur le brun. Il n'a point de mèche ; avant d'y mettre le feu, on le nettoie un peu de sa fumée, on l'incline horizontalement et on lui présente une bougie torse de trois petites, dont chacune ayant cinq fils de coton est couverte de cire, environ l'épaisseur d'une feuille de papier, c'est-à-dire autant qu'il en est besoin pour allumer le coton ; de manière que l'on ne saurait distiller de la cire de cette bougie. Ce procédé est incapable d'augmenter le volume du Cierge... Trois clefs différentes, confiées à des personnes de probité, ferment l'entrée de la pyramide où le Cierge repose ; il serait impossible à l'une de l'ouvrir sans les deux autres... On éteint ce Cierge en le fermant avec la partie supérieure de l'étui. La fumée qui en sort est d'une odeur si extraordinaire qu'on ne peut la comparer à aucune autre. »

Nous arrivons à la période révolutionnaire. Des études récentes ont rétabli les faits sur cette histoire, qui avait

---

[1] Voir la Ire Partie.
[2] *Histoire gén. de la prov. d'Artois*, t. II, p. 231-233.

été racontée d'une manière inexacte. M. Louis Watelet[1], après avoir montré qu'au mois de juin 1791, la chapelle du Saint-Cierge était encore intacte, ajoute : « Tout-à-coup, un événement, en apparence indifférent, mit un terme à son existence. Le 28 juin 1791, le clocher de l'église du collège s'écroula. La chute de cet édifice, situé au centre de la ville et près de la rue la plus fréquentée, impressionna vivement la population. Les imaginations s'émurent. On se demanda si d'autres monuments, placés dans des conditions plus dangereuses et encore plus maltraités par les ans, ne constituaient pas une menace permanente pour la sécurité publique. Ces préoccupations se portèrent principalement sur la pyramide de la Sainte-Chandelle[2]. Qu'arriverait-il si cette flèche, construite au commencement du XIIIe siècle, élevée de quatre-vingt-six pieds au-dessus du sol, s'écroulait en plein marché ? — L'émotion populaire, surexcitée sans doute par quelques meneurs, parvint à la connaissance des mayeurs de la confrérie. Sans perdre un instant, ils se réunirent, et allant au-devant des inquiétudes réelles ou simulées de leurs concitoyens, ils proposèrent au Conseil général de la Commune la visite de la pyramide, à l'effet d'en constater l'état et d'en vérifier la solidité. »

Cette expertise signale bien quelques lézardes dans les murailles et plusieurs dégradations qu'une restauration intelligente aurait fait disparaître ; mais il faut reconnaître que quelques esprits, imbus des idées nou-

---

[1] *Mémoires de l'Académie d'Arras*, IIe série, tome IV.
[2] Nom vulgaire sous lequel on désignait le Saint-Cierge d'Arras.

velles et travaillés par le scepticisme du XVIII° siècle, se plurent à exagérer les défectuosités de la pyramide et persuadèrent aux mayeurs qu'il était urgent de la démolir, sous prétexte qu'elle menaçait ruine. C'est ce qui eut lieu vers le 15 juillet 1791.

Alors le Saint-Cierge retourna dans la Chapelle du Préau, rue du Tripot : sa custode fut même réparée, témoin cette note de Philippe Joncqué, marchand orfèvre, du 2 août 1791 : « Travaillé et soudé quelques plaques d'argent à la quaise de la Sainte-Chandelle. » Quant au mobilier de la Chapelle du marché, il fut transporté chez M{ᵐᵉ} Watelet de la Vinelle qui donna un emplacement pour l'emmagasiner. C'est encore chez elle (rue du Blanc-Pignon [1]) que le Saint-Cierge fut heureusement caché, lorsqu'un Arrêté du Directoire du département, en date du 18 mars 1792, vint ordonner la « fermeture provisoire de toutes les chapelles et oratoires, » en sorte que lorsque l'Autorité révolutionnaire procéda à l'inventaire de la Chapelle du Préau, elle ne rencontra plus qu'une « niche en fer du côté de l'Épître, servant à renfermer la Sainte-Chandelle, *dans laquelle il ne s'y est rien trouvé.* »

Le Saint-Cierge renfermé dans sa custode d'argent était donc en lieu sûr. Quant à l'étui de cuivre, il fut jeté au fond d'un égout de la maison de M{ᵐᵉ} Watelet : les ouvriers qui le découvrirent plus tard, le vendirent subrepticement à un fondeur qui le détruisit [2].

Cependant on était en pleine Terreur : les visites domi-

---

[1] Maison n° 2 de la rue du Blanc-Pignon, à quelques pas de la Chapelle du Préau.
[2] M. DE LINAS, p. 59.

ciliaires se multipliaient pour découvrir le Joyel, et déjà les soupçons s'étaient portés sur Mme Watelet et son fils : celui-ci, se voyant sur le point d'être compris dans les horribles exécutions qui ensanglantèrent notre ville, prit le parti, pendant la nuit du 14 au 15 avril 1794, de faire jeter dans le puits du Cloître [1] le Saint-Cierge avec sa custode d'argent, le tout soigneusement enveloppé.

Le lendemain matin, une personne étant allée tirer de l'eau à ce puits, y laissa tomber son seau : les recherches qu'elle fit pour l'en retirer ramenèrent à la surface la précieuse relique qu'elle porta aussitôt chez Louis Galand, greffier du tribunal révolutionnaire [2]. Le 10 juin 1794, Joseph le Bon prit un Arrêté pour ordonner le dépôt de la Sainte-Chandelle au Bureau de sûreté du district [3], « où elle restera jusqu'à ce qu'il en soit autrement ordonné. »

Évidemment la Providence veillait sur le Saint-Cierge ; car, au lieu d'être détruit, il resta trois ans dans le Dépôt, c'est-à-dire jusqu'au 30 juin 1797, jour où la custode fut mise en vente avec son contenu. Voici les termes mêmes du procès-verbal d'adjudication, sous la date du 13 messidor an V : « L'enveloppe d'une relique, soudée d'étain, attachée avec des clous de cuivre, pesant sept marcs, deux onces, vieux titre, estimé trente-six livres le marc, adjugé pour deux cent quatre-vingt-cinq

---

[1] Voir, sur ce puits, l'*Histoire du Cloître Notre-Dame*, de M. le chanoine Proyart, et notre Notice sur les Antiquités de ce Cloître.

[2] Galand demeurait dans l'impasse du Refuge Saint-Éloy, aujourd'hui place du Wetz-d'Amain.

[3] Le dépôt général était établi dans l'ancien couvent des Capucins, rue de ce nom, n° 25.

livres au citoyen GRIMBERT, après l'extinction de trois feux[1]. »

M. Grimbert[2], ancien mayeur de la Confrérie, n'avait acheté cette relique que pour la préserver d'une destruction certaine et la rendre à l'Autorité religieuse lorsque la tourmente révolutionnaire serait passée : c'est ce qu'il fit avec un louable empressement, le 26 février 1803, aussitôt après le rétablissement du culte. La décharge définitive qui lui fut délivrée portait que « M. Grimbert a remis à M. Watelet, maire d'Arras, et M. Lincque, administrateurs de la Fabrique de Notre-Dame, la châsse de la Sainte-Chandelle d'Arras, ainsi que la cire de ladite Chandelle, pour déposer le tout dans une niche près de la chapelle de la Vierge, érigée dans ladite église[3]. »

Lorsque S. E. le cardinal de la Tour-d'Auvergne, évêque d'Arras, transféra sa cathédrale dans la basilique actuelle de Saint-Vaast, il retira le Saint-Cierge de l'église Notre-Dame ou Saint-Jean-Baptiste et le plaça dans le Trésor de l'Évêché. C'est là qu'il est encore aujourd'hui.

Depuis lors, le Saint-Cierge a été rarement exposé à la vénération publique : la première circonstance solennelle, dans laquelle il reparut, fut la procession du Bienheureux Labre, en 1860, sous l'épiscopat de Mgr Parisis. Ensuite il a été porté à la cérémonie de la pose de la première pierre de la nouvelle église de Notre-Dame-des-Ardents, le 7 novembre 1869 ; puis il a figuré dans

---

[1] Note communiquée par M. Ch. Grimbert, de Douai.
[2] M. Ch. Fr. Grimbert demeurait rue des Trois-Pommettes, n° 2.
[3] L'église Notre-Dame était alors l'église actuelle de Saint-Jean-Baptiste, qui servait de Cathédrale provisoire

les grandes processions de Lille (1874), de Douai et de Saint-Omer (1875); enfin, le Dimanche 21 mai prochain, il ira prendre possession du temple nouveau que S. G. Mgr Lequette a fait ériger pour le recevoir, et il redeviendra pour nous ce qu'il a été pendant sept siècles, le gage de la protection spéciale de la Très-sainte Vierge sur notre ville.

SECTION DEUXIÈME.

HISTOIRE DE LA CONFRÉRIE DE N.-D. DES ARDENTS.

1106-1792.

Le nom général de *Confrérie* comprend deux sortes d'associations très-distinctes l'une de l'autre. Dans le sens le plus élevé du mot, une confrérie s'entend d'une société de personnes pieuses qui se réunissent soit pour accomplir des exercices religieux, soit pour pratiquer la charité entre elles ou à l'égard des autres. Tel était précisément le but de la grande Confrérie de N.-D. des Ardents. Mais dans un sens plus restreint, une confrérie peut n'être que la réunion d'individus exerçant la même profession et formant ce qu'on appelle proprement un corps d'art ou de métier, dans le but de défendre leurs intérêts communs et leurs priviléges particuliers. C'est ainsi qu'à Arras la corporation des musiciens prit pour patronne Notre-Dame des Ardents, au souvenir d'Itier et de Norman, les ménestrels-chanteurs. Cette petite Confrérie, dont l'origine se confond avec celle des autres corps de métiers de notre ville, a survécu à toutes nos révolutions et existe encore actuellement : elle a sa statue de N.-D. du Joyel, son chef qui a le titre de Mayeur et ses archives [1] ; mais notre intention n'est pas de faire

---

[1] La statue et les archives de cette petite Confrérie se trouvent aujourd'hui chez l'un de ses mayeurs, M. Victor Lacouture, rue Saint-Géry. Cette corporation a un Registre qui commence à l'année 1587 et a été continué jusqu'à nos jours : on y voit les noms de tous ses

son histoire qui trouvera un jour sa place dans celle des corporations ouvrières d'Arras.

La Confrérie proprement dite de Notre-Dame-des-Ardents, c'est cette grande institution qui fut fondée par l'Évêque Lambert lui-même et qui eut pour premiers mayeurs les heureux ménestrels auxquels la garde du Saint-Cierge avait été confiée. Les titres anciens nous apprennent qu'elle fut établie dès l'année 1106 et immédiatement placée sous le patronage du Roi de France, Philippe Ier, qui chargea le Bailli d'Arras de la défendre et de la protéger [1].

On l'appelait quelquefois *Confrérie des Grands Ardents*, non plus par opposition à la Corporation des musiciens dont nous venons de parler, mais pour la distinguer d'une autre Confrérie dite des *Petits Ardents*, qui prit naissance en 1226, dans les circonstances suivantes.

La fille du gouverneur d'Arras, Mlle de Ghistelles, étant tombée dangereusement malade, eut la pensée de demander sa guérison à Notre-Dame-du-Joyel : elle obtint à cet effet une fiole d'eau, à laquelle on avait mêlé une goutte du Saint-Cierge, et elle revint à la

---

mayeurs et des confrères nouvellement admis, ainsi que la nomenclature des recettes et dépenses annuelles, et l'indication des menus objets offerts en hommage, tels que couronnes, cœurs, violons et archets d'argent. Chaque année, pendant le mois de juin, la Confrérie fait célébrer une messe et un obit pour ses membres décédés. De plus, le *Registre Thieulaine* (fol. 300, v) nous apprend qu'en 1701 la corporation des joueurs d'instruments, pour célébrer sa fête fixée au jour de l'octave du Saint-Sacrement, demanda à la grande Confrérie de lui donner son *bazecquin*, attendu qu'elle n'avait « quoy que ce soit pour se faire distinguer et pour pouvoir faire honneur à leur image dans laquelle il y a des gouttes du Saint-Cierge. »

[1] Voir IIe Partie, pièce n° XXX.

santé. Quelque temps après, son mal ayant reparu, elle voulut avoir recours à la fiole qui lui avait procuré sa première guérison, mais quel ne fut pas son étonnement quand elle la trouva entièrement remplie, non pas d'eau, mais de cire. Le miracle ayant été soigneusement vérifié, on prit cette cire à laquelle on en ajouta une certaine quantité provenant des gouttes du Joyel, et on en forma un nouveau Cierge qui fut donné à la corporation des Drapiers. Ce Cierge fut placé dans la chapelle de l'Hôpital Notre-Dame, rue des Chariottes, et donna naissance à la Confrérie des *Petits Ardents* qui célébrait sa fête annuelle, le dimanche après la S. Jean-Baptiste. Ce jour-là, ses membres se rendaient processionnellement à la Cathédrale et offraient au Chapitre une roue de bougies en cire. La Chapelle des Drapiers fut reconstruite en 1673, ainsi que le rappelait ce chronogramme placé au-dessus de son portail :

LuX vIrgInIs CereuM aDauXit [1].

La grande Confrérie de Notre-Dame-du-Joyel (la seule dont nous ayons à nous occuper désormais) s'établit dans la *Maison des Ardents de Notre-Dame* que nous avons vu fonder par Itier et Norman, près du pont de l'abbaye de Saint-Vaast, là où était érigée la Chapelle Saint-Nicolas, qui posséda le Saint-Cierge pendant quelques années : c'est là qu'originairement elle tenait ses séances ordinaires et ses assemblées publiques.

Ainsi que nous aurons occasion de le redire en publiant notre recueil de Pièces justificatives, on comprend que

[1] Arn. Rayssius. — P. Fatou.

les Statuts de la nouvelle Confrérie ne furent pas rédigés en un seul jour et ne sortirent pas tout d'un jet des premières délibérations de la société naissante. Il en fut évidemment de ces Statuts comme de toutes les Constitutions : on commença par fixer quelques bases générales ; puis, à mesure que l'expérience indiquait une amélioration, on l'ajoutait aux décisions primitives : après avoir réglé les rapports des confrères entre eux, on arriva à définir les priviléges de la Confrérie, ses droits et ses obligations à l'égard des diverses Autorités avec lesquelles elle était en rapport ; et c'est ainsi que, pendant deux ou trois siècles, nous la verrons faire de nouvelles additions à ses Statuts et rédiger pour son usage un véritable Code de lois [1].

La Constitution primitive de la Confrérie fut approuvée, le 18 janvier 1119, par le Pape Gélase II, qui se trouvait alors en France, dans la célèbre Abbaye de Cluny : par sa Bulle [2], adressée à Robert, Évêque d'Arras, le Souverain-Pontife accorde deux ans d'indulgences à tous ceux qui entreront dans la *Carité* ou Confrérie de Notre-Dame-des-Ardents. L'Évêque Robert s'empressa d'user des pouvoirs que le Pape venait de lui conférer, et non content d'autoriser l'existence de la Confrérie, il ajouta à cette première faveur spirituelle celle de dix jours d'indulgences pour les nouveaux confrères, et data son acte du 28 mai 1120, à l'anniversaire même de l'avénement du Saint-Cierge [3].

---

[1] IIe Partie, pièces n^{os} V, VI, XI, XVII et XIX.
[2] On trouvera le texte de cette Bulle dans la IIe Partie, pièce n° II.
[3] L'acte de l'évêque Robert figure aussi dans la IIe Partie, pièce n° III

La Confrérie était dirigée par un mayeur élu chaque année, le mercredi de Pâques[1], par le Conseil composé des mayeurs anciens : il se nommait mayeur entrant ou régnant, et partageait avec son prédécesseur, appelé mayeur issant, le titre de mayeur aux honneurs. En outre il y avait, en mémoire d'Itier et de Norman, deux mayeurs chanteurs qui jouissaient du privilége de porter le Saint-Cierge toutes les fois qu'on le sortait de la chapelle où il était déposé[2].

La réception des nouveaux confrères ne pouvait se faire que dans les assemblées générales tenues trois fois par an, à savoir: d'abord le jour de la Pentecôte, parce que c'est dans cette fête qu'avait eu lieu l'apparition de Notre-Dame-des-Ardents ; puis à la fête de saint Remi (1er octobre), l'évêque qui baptisa le roi Clovis ; enfin à la Purification (2 février) appelée aussi la *Chandeleur* parce qu'anciennement, à l'office de ce jour, les prêtres et les fidèles tenaient à la main un cierge ou une chandelle de cire. Il est facile de deviner la pensée qui avait présidé au choix de ces solennités qui toutes offraient un rapport avec l'origine du Saint-Cierge et l'eau qu'on donnait à boire aux confrères avant leur réception[3]. Plus tard la

---

[1] Cette élection fut fixée au mardi de Pâques, lorsque le mercredi cessa d'être chômé.

[2] IIe Partie, pièce n° XI. — Les sceaux du mayeur des bourgeois et du mayeur des jongleurs se trouvent dans la *Sigillographie de la ville d'Arras*, par A. Guesnon, p. 25.

[3] Nous donnons dans la IIe Partie, pièce n° VIII, la formule de réception adoptée dès l'année 1241.

Voir aussi notre dissertation placée en note de la pièce n° V, où nous expliquons pourquoi les jours de réception dans la Confrérie étaient désignés par ces expressions : *Potus in Pentecoste, Potus in festo sancti Remigii, Potus in Purificatione.*

fête de la Purification fut remplacée par celle de Noël (*in Natali Domini*) qui rappelait aussi l'avénement de la divine Lumière qui vint éclairer le monde et du Rédempteur qui devait le sauver.

Nous avons vu qu'en 1140, grâce aux libéralités du comte de Flandre, Philippe d'Alsace, le Saint-Cierge put être transféré dans la Chapelle du Préau, à côté de laquelle s'élevèrent de vastes bâtiments pour l'usage de la *Carité des Ardents*. C'est sur ce terrain qu'on construisit une salle de quatre-vingts pieds de long sur une largeur proportionnée, pour la tenue des assemblées de la Confrérie ; on y ajouta un logement pour les gardiens, et des tentes ou appentis pour abriter les chevaux des Officiers de la Gouvernance, des Sergents et de la Milice bourgeoise, lorsqu'ils montaient la garde auprès du Joyel.

Chaque année la ville d'Arras célébrait l'anniversaire de l'avénement du Saint-Cierge par une fête commémorative et une procession solennelle dont l'institution remonte au temps même de l'Évêque Lambert, mais dont l'organisation ne fut complétée qu'après l'installation du Joyel dans la Chapelle du marché, sur la Petite-Place. L'époque de cette fête a subi quelques légères variations : ainsi, à l'origine, on choisissait le dimanche le plus rapproché du 28 mai (c'était certainement le jour le plus convenable). Puis on plaça cette procession, le jeudi après l'octave de la Pentecôte, probablement pour éviter l'occurrence de certaines fêtes, et parce qu'au XIIe siècle ce jour-là était consacré à la réception des nouveaux confrères : la Charte d'Alvise nous dit en effet : *Nulli hominum, dum salvus est, permissum est intrare charitatem, nisi quintâ feriâ vel sextâ instanti post octavas Pentecostes.* Nous avons vu que plus tard ces réceptions avaient lieu trois fois par an. Mais lorsque la Fête-Dieu fut instituée par le Pape Urbain IV, en 1264, et fixée précisément au jeudi (*quintâ feriâ*) après l'octave de la Pentecôte, elle coïncida avec la grande procession du Saint-Cierge à Arras. Malgré les inconvénients qu'il présentait, cet état de choses dura très-longtemps, puisque ce n'est qu'en 1477, que la fête du Saint-Cierge fut définitivement transférée au dimanche suivant [1].

On se ferait difficilement une idée de la splendeur de cette solennité, dont le cérémonial nous est déjà indiqué par les Statuts de 1194 [2], et fut complété par le Règlement du XIIIe siècle [3] et des additions successives [4].

La fête du Saint-Cierge, annoncée dès le mercredi par la cloche *Joyeuse* et le carillon du beffroi, durait quatre jours : pendant chacun des trois premiers jours, c'est-à-dire le jeudi, le vendredi et le samedi de la Fête-Dieu, les mayeurs se rendaient, à six heures et demie du matin, à la Chapelle de la Pyramide et transportaient solennellement le Joyel dans la Chapelle du Préau où il restait exposé jusqu'à quatre heures et demie ; puis on le rapportait à la Pyramide avec le même appareil. Le dimanche, jour de la procession commémorative du miracle, après la Grand'messe célébrée dans le Préau par le clergé de Saint-Géry, les mayeurs portaient le Saint-Cierge à la Cathédrale Notre-Dame, avec toute la pompe

---

[1] IIe Partie, pièce n° XXIII.
[2] *Ibid*, pièce n° V.
[3] *Ibid.*, pièce n° XI.
[4] *Ibid.*, pièce n° XXV. — *Reg. Thieul.* fol. XVIII.

décrite dans le Règlement que nous publions : le cortége passait par les rues du Blanc-Pignon, des Murs-Saint-Vaast, des Jongleurs, la place du Théâtre, les rues Saint-Aubert, Saint-Jean-en-Lestrée et de Baudimont. Après avoir fait hommage au Chapitre de deux cierges pesant ensemble cinquante livres, et avoir placé, pendant quelques instants, le Joyel sur l'autel de Notre-Dame de Prime ou de l'Aurore, on le ramenait dans la Chapelle du Préau, par les rues d'Amiens, Terrée-de-Cité, Saint-Maurice, Méaulens et des Trois-Visages : il y restait jusqu'aux vêpres chantées à cinq heures, après quoi on le replaçait définitivement dans la Chapelle de la Pyramide.

Il était aussi de règle que, chaque jour, les Mayeurs dînaient ensemble, suivant un Règlement qui fut réformé en 1553 [1].

Après l'hommage fait au Chapitre de la Cathédrale, la Confrérie de Notre-Dame des Ardents en devait un autre à l'Abbaye de Saint-Vaast, et c'est le 15 juillet de chaque année qu'elle s'en acquittait ; ce jour-là, elle se rendait processionnellement à la chapelle de l'Abbaye, et, après avoir présenté à l'Abbé la clef de la chapelle du Marché, lui offrait un cierge et une effigie de Saint-Vaast en cire : ensuite le premier sergent de la ville présentait, au nom du Magistrat, un pigeon blanc, suivant le cérémonial prescrit par le Règlement qu'on trouvera plus loin [2].

De son côté, la Confrérie percevait certains droits qui l'aidaient à supporter ses charges : ainsi chaque confrère, outre une cotisation annuelle, devait payer un droit

---

[1] IIe Partie, pièce n° XXVII.
Ibid., pièce n° XIV.

d'entrée au moment de sa réception, et un droit de morte-main à son décès [1] ; de plus, la Confrérie avait droit à deux des cierges qui avaient brûlé près du corps du défunt. Ce dernier privilége, établi par un acte de 1281 [2], donna lieu à plusieurs différends, dont le règlement offre un véritable intérêt, soit à raison des circonstances où il est intervenu [3], soit à cause de la célébrité du personnage qui y figure [4].

Pour éviter des redites inutiles, nous ne ferons que mentionner les autres redevances, donations et rentes de la Confrérie, dont on trouvera l'énumération soit dans la Chronique de M. Desmazières (Ire Partie), soit dans la Table des titres appartenant à cette Confrérie, soit dans le Compte de 1770 que nous publierons à la fin de la IIe Partie [5]. Nous indiquerons plus spécialement la donation d'Adam le Sauvage en 1250 [6], et celle de la comtesse Mahaut, épouse d'Othon, comte de Bourgogne [7], qui assura à la Confrérie, par un acte daté de 1320, une rente de vingt sols parisis à prendre sur le petit tonlieu d'Arras [8]. De même, nous voyons, par une Lettre de 1401, que le comte Philippe de France, époux de Marguerite de Flandre, avait promis à la Confrérie de Notre-Dame

---

[1] IIe Partie, pièce n° XXVI.
[2] *Ibid.*, pièce n° XIII.
[3] *Ibid.*, pièce n° XXII.
[4] *Ibid.*, pièce n° XXIX.
[5] *Ibid.*, pièces n°^s XXXIII, XXXIV et XXXV.
[6] *Ibid.*, pièce n° X.
[7] On ne doit pas confondre cette Comtesse Mahaut avec la femme de Philippe d'Alsace, qui fit construire la Pyramide de la Petite-Place en 1215.
[8] IIe Partie, pièce n° XVI. — Elle avait déjà fait d'autres libéralités à la Confrérie. Voir pièce n° XV.

des Ardents, dont il faisait partie, un *franc d'or* [1] chaque année.

Tous ces revenus n'empêchèrent pas la Confrérie de se trouver quelquefois dans de sérieux embarras financiers, à cause de l'entretien, des réparations, et même de la reconstruction des bâtiments qui lui appartenaient : c'est ce qui l'obligea successivement à vendre, en 1715, ses propriétés de Simencourt, et à donner en arrentement perpétuel, en 1734, son terrain de la rue Neuve des Ardents, à la charge de tout rebâtir à neuf et de laisser libre la Salle des Assemblées, pendant les cinq jours de la fête annuelle du Saint-Cierge.

Il nous reste à parler des faveurs spirituelles dont cette Confrérie a été enrichie. Déjà nous avons mentionné les indulgences accordées par le Pape Gélase II et l'Évêque Robert. Nous rappellerons incidemment l'indulgence d'un an et quarante jours attachée, en 1348, par Clément VI à la visite du Saint-Cierge de Lille, puisqu'il provenait du Joyel d'Arras [2]. Ensuite, le culte de Notre-Dame-des-Ardents fut surtout encouragé par les Souverains-Pontifes Innocent VIII, Clément VIII, Paul V, et enfin par Innocent X, qui accorda, en 1648, une indulgence plénière au jour de la fête du Saint-Cierge et d'autres indulgences moins importantes pour les exercices religieux de la Confrérie [3]. De son côté, Herman Ottem-

---

[1] Le franc, sous l'ancienne monarchie, était une pièce d'or valant 20 francs de notre monnaie : il s'appelait aussi *sol parisis* ou *florin d'or*. — Voir IIe Partie, pièce n° XX.

[2] La bulle de Clément VI, confirmée par Innocent VI, son successeur, se trouve dans une Lettre de *Vidimus*, rédigée en 1376 par Philippe d'Arbois, évêque de Tournai. Voir IIe Partie, pièce n° XVIII.

[3] IIe Partie, pièce n° XXXII.

berg, évêque d'Arras, en 1615, venait d'ajouter d'autres avantages spirituels à la visite des divers sanctuaires consacrés à la Vierge d'Arras [1], en sorte que la Confrérie pouvait se considérer comme arrivée au comble de ses désirs.

Indépendamment de ces reconnaissances implicites de la légitimité de sa foi dans l'avénement miraculeux du Saint-Cierge, elle avait vu le Pape Sixte IV [2] enregistrer et confirmer, en 1482, les Chartes d'Alvise et d'Asson, et joindre ainsi l'autorité de son témoignage à celui du Souverain Pontife Gélase II ; une véritable légion d'historiens [3] s'était fait l'écho fidèle de la parole pontificale et avait raconté à toutes les générations les merveilles du Joyel d'Arras : la Confrérie, gardienne du Saint-Cierge, resta fièrement à son poste d'honneur pendant sept siècles ! elle eut sans doute des crises à traverser : d'abord ses embarras financiers lui créèrent une situation difficile qui ne compromit pas d'ailleurs son existence ; ensuite elle fut contrainte, sacrifice qui lui coûta beaucoup, de suspendre quelques-unes de ses cérémonies dans lesquelles elle avait conservé d'anciens usages, acceptés jadis par la foi de nos pères, mais paraissant surannés aux yeux de la civilisation du XVIIIe siècle. Mgr de Conzié, évêque d'Arras, en 1770, rendit à cet égard une Ordonnance dont on a bien exagéré la portée, car il n'a jamais visé que les abus, et n'a cessé de respecter le culte approuvé par tous ses prédécesseurs. En réduisant l'incident à ses justes proportions, si quelques

---

[1] IIe Partie, pièce n° XXXI.
[2] *Ibid.*, pièces n°s IV, VII et XXIV.
[3] Nous en donnons la liste dans la IIe Partie, pièce n° XXXVII.

personnes trouvent encore qu'il aurait pu agir avec moins de promptitude, nous leur répondrons pour expliquer sa conduite : « Mgr de Conzié arrivait au siége d'Arras et depuis longtemps le ciel était gros de nuages. Il n'avait aucune connaissance préalable de tout ce qui se passait dans la Confrérie ; tout ce qu'il y avait de bon, de pieux, fut combattu dans son esprit par une infinité de pratiques sur lesquelles il reçut des plaintes qui lui parurent graves et fondées [1]. » Ainsi tout se borna à une question de forme, si bien que la Confrérie qui existait parfaitement encore en 1791, à l'époque de la démolition de la Pyramide [2], ne fut dissoute qu'en 1792 par l'Arrêté révolutionnaire qui ferma la Chapelle du Préau et rendit désormais impossible le culte du Saint-Cierge.

A la différence du Joyel, qu'on remit en honneur aussitôt après le Concordat, la Confrérie de Notre-Dame des Ardents ne s'est pas encore relevée du coup qui la frappa en 1792 : tous ses Membres ont eu la douleur de mourir sans avoir pu la reconstituer. Mais nous approchons du jour où, grâce à la dévotion spéciale de notre vénéré et éminent Évêque pour l'antique Vierge d'Arras, un nouveau sanctuaire va « renouer la chaîne d'une tradition momentanément interrompue [3] » et devenir le

---

[1] Dissertation sur le Saint-Cierge, Manuscrit du cabinet de M. Octave Petit.

[2] M. Louis Watelet nous dit, en effet, qu'en juin 1791, « la Confrérie de Notre-Dame des Ardents n'avait reçu aucune atteinte ; elle conservait son organisation, ses mayeurs et ses fêtes ; elle continuait de faire célébrer l'office divin dans la chapelle de la Petite-Place et dans celle du Préau. » *Mém. de l'Acad. d'Arras*, IIe série, tome IV, p. 9.

[3] IIe Partie, pièces n°s XXXVIII et XXXIX.

centre d'une nouvelle Confrérie qui sera la continuation de l'ancienne. En attendant le renouvellement des priviléges dont elle jouissait, saluons avec joie la Décision par laquelle le Souverain-Pontife Pie IX vient d'enrichir des plus précieuses indulgences la Neuvaine solennelle qui aura lieu désormais, chaque année, du 20 au 28 mai, en l'honneur de Notre-Dame des Ardents [1]. C'est ainsi que le Docteur Infaillible a scellé de son autorité la croyance, huit fois séculaire, à la miraculeuse origine du Saint-Cierge d'Arras.

[1] IIe Partie, pièce n° XL.

LISTE DES MAYEURS

DE LA

CONFRÉRIE DE N.-D. DES ARDENTS [1].

1106. Itier, brabançon.
1107. Pierre Norman, de Saint-Pol.
1108. Lambert, cardinal-évêque d'Arras.
1109. Robert, archidiacre, qui fut plus tard évêque d'Arras.
1110. Erkembald, abbé commendataire de Saint-Vaast.
1111. Walter, chanoine d'Arras.
1112. Nicolas Augrenon, chevalier, s^r de Bailleul et Immercourt.
1113. Jean d'Ococbe, bailli d'Arras.
1114. Philippe d'Acheville, échevin.
1115. Jean de Wancourt.
1194. Philippe des Pretz.
1195. Walter des Pretz.
1196. Herman Le Maire.
1197. Aubert Le Sergeant.
1250. Adam Le Sauvage.
1287. Bauduin Wion.
1288. Robert de la Chapelle.
1296. Jean Le Kitre.
1300. Bartholomé Le Dis.
1301. Pierre de Neuville.
1305. Jean de Sailly.
1306. Etienne de Fontaine.
1320. Jaquemes Crespins.

[1] Registre Thieulaine. — Mss. du cabinet de M. A. Laroche à Duisans. — Comptes de la Confrérie déposés aux Archives de l'Évêché et aux Archives départementales.

1321. Mathias Ghillains.
1327 et 1328. Jean d'Aillies et Pierre Wagons
1338. Guillaume de Blairy.
1339. Nicolas Augrenon.
1350. Adam Le Sauvage.
1355. Guillaume Le Borgne.
1364. Simon Sacquespée.
1367. Gilles Crépins.
1389. Jean Mehaut, dit d'Auchel.
1394. André de Monchy.
1395. Jean Cossel.
1398. Mathieu Hasequin, dit Desmailles.
1399. Vincent Wallon.
1400. André Sacquespée, de qui descend Jean Sacquespée,
1401. Jean de Paris.
1406. Jean de Baudart, dit le Borgne.
1410. Jacques Crespin.
1411. Guillaume Le Fèvre.
1412. Jean de Paris Le Josne (*junior*).
1413. Jean Hauwel, dit Agneaux.
1414. Jean Belot.
1416. Jacques de Monchy.
1417. André de Ranssart.
1420. Jacques Wallois.
1421. Jean de Wailly.
1422. Martin Masingue.
1423. Michel Boursin.
1424. Jean Hernier.
1425. Jean de Gauchin.
1426. Agnian Le Febvre.
1428. Nicolas Lauthier.
1429. Jacques Severondel
1430. Florent De Lattre.
1431. Bauduin de Bailleul.
1432. Martin Legrand, dit Pillon.
1433. Jacques Wallois.
1434. Estène Cretel.

4

1439. Jean Caulier.
1440. Nicolas Le Borgne.
1442. Guillaume Lefèvre (junior).
1443. Martin Lebrun, dit Hollandre.
1444. Jean Danel.
1445. Jacques Le Borgne, obiit 1461.
1446. Robert Le Fèvre.
1447. Guillaume Auvnissel.
1448. Thomas Le Roy.
1449. Robert Hanon.
1450. Jean Longuebraye.
1451. Jean Théry.
1452. Jean Thibaut.
1453. Pierre Garel.
1454. Mathieu de Beaumont.
1455. Jean Doude.
1456. Jean Bracquet.
1457. Simon Agnehel.
1458. Jean Rondel.
1459. Jean de Paris, écuyer.
1460. Jean Le Roux.
1461. Pierre Le Cochon, dit Jean.
1462. Jean de Feudepré.
1463. Pierre de Montbertau.
1465. Robert de Wailly.
1468. Jean de Beaumont.
1469. Hugues de Dompierre, dit Baudin, sr de Lyramont.
1473. Jacques de Loueuze
1474. Robert Clément.
1476. Robert de la Tirenaude.
1477. Hugues Le Jeune. La ville fut prise par Louis XI.
1478. Laurent Dauchel.
1479. Nicolas de Villers.
1482. Jacques d'Annezin.
1483. Jean Le Gay.
1484. Jean Grenet.

1486. Enguerrand Le Gillart.
1487. Vincent de Reux.
1488. Jean de Paris.
1489. Jean Boucaut.
1490. Pierre de la Conté.
1492. Regnault Thiré. La ville fut rendue à Maximilien, archiduc.
1495. Martin Deleval.
1496. Robert Duranne
1498. Nicolas Robillart.
1500. M° Jean Caulier, président.
Mathieu de Cardevacque.
Regnauld Grignard, procureur général.
1501. Philippe Delefosse.
1502. Jean Perlois ou Portebois.
1504. Michel Herlin.
1506. Philippe Bauduin.
1508. Jean Dassonleville, greffier d'Arras.
1511. Pierre Le Natier.
1514. Jean de Bincourt Le Josne.
1515. Thomas Le Bourgeois.
1516. Martin de le Gove.
1517. David Blondel.
1519. Marc Charles, receveur du domaine d'Artois.
1520. Bertrand De Lattre.
1521. Antoine Du Fresnoy.
1523. Laurent Carbonel.
1525. Jean Bertaut.
1527. Robert Duranne.
1528. Jean Le Petit.
1529. Jean Vignon.
1530. Gilles de Waziere.
1531. Wallery Le Fort.
1532. M° Simon Conseillart, docteur en médecine.
1533. Jean Widebien.
1534. Jean Robillart.
1535. Charles de Vichery, argentier d'Arras.

1536. Mᵉ Jean de Beaussart.
1537. Pierre Hayelle.
1538. Philippe Gosson, sʳ de Halloy.
1539. Jacques Descouleurs.
1540. Jacques Vignon.
1541. François Bertoul.
1542. Jean Bassée.
1543. Éloy Gonthier.
1544. Regnault Bultel
1545. Philippe Le Sueur.
1546. Jean Pronier, échevin d'Arras.
1547. Simon Carbonnel.
1548. Mᵉ Jean Herlin, licencié ès-lois.
1549. Antoine de Chelers.
1550. Mathieu Le Franc.
1551. Pierre Vignon
1552. Mᵉ Antoine de Vichery.
1554. Garin Pronier.
1555. Allart de Lannoy.
1556. Martin Le Fort.
1557. Jean Pinchon, procureur au Conseil d'Artois.
1558. Géry de Santers, greffier de la Gouvernance.
1559 Nicolas Ousson.
1560. Guillaume Le Vasseur, écuyer, sʳ du Valhuon, lieutenant-général d'Arras.
Michel Herlin.
1561. Guillaume Fouquier, licencié ès-lois, avocat au Conseil d'Artois.
Mᵉ Martin De le Val.
1562. Nicolas Bourgeois, drapier.
1564. Mᵉ Jessé Grenier, homme de loi.
1565 Mᵉ Jean Coulard, curé de St-Géry.
1566. Julien Palette, procureur.
1567. Jean Prevost,
1568. Nicolas Pronier, sʳ de Simencourt.
1569. Jean Daix, marchand.

1570. François Lombart, hostellain de la Vignette.
1571. Jean De Lattre.
1572. M° Antoine de Canlers, licencié es-lois.
1573 Pierre Boucquel, procureur au Conseil d'Artois.
1574. Claude Boucquel, marchand de draps.
1575. Allart de Lannoy, marchand de soie.
1576. Thomas de Douai, marchand de vin.
1577. Nicolas Bourgeois, marchand de draps.
1578. Gilles Haudouart, marchand-brasseur.
1579. Jean Couppé, dit Joannes, marchand de laine.
1580. Martin Monvoisin, marchand de vin.
1581. M° Philippe de le Val, écuyer, procureur de la ville.
1582. M° Pasquier Cosson, écuyer, avocat au Conseil.
1583. Jean Théry, marchand.
1584. Jean de Douay, marchand de vin.
1585. Foursy Despretz, receveur général d'Artois.
1586. Adam Barbet, sr de Wattines.
1587. Robert Enlart.
1588. Robert Le Maire
1589. Gentien d'Aix [1].
1590. Bernard Cauwet, échevin d'Arras.
1591. François Le Bourgeois.
1592. M° Jean Le Ricque, avocat.
1593. Enguerrand Guérard.
1594. M° Géry Coulart, pasteur de Saint-Géry.
1595. Pierre Lombart, marchand.
1596. Frédéric de Vichery.
1597. Jean Bourgeois.
1598. M° Jacques Le Maire, avocat
1599. Charles Foucquier, marchand de vin.
1600. Martin Bourgeois, marchand de vin.
1601. Jean Haudouart, marchand brasseur.
1602. M° Charles de Widebien, seigneur de Nœufvireulles, avocat,

---

[1] A partir de ce nom, le *Reg. Thieul.* indique la date du décès des mayeurs.

conseiller des archiducs et receveur général des aides d'Artois.

1603. Antoine Le Merchier.
1604. M⁰ Floris de Belvalet, écuyer, avocat.
1605. Christophe Paris, échevin d'Arras.
1606. M⁰ Claude Despretz, écuyer, avocat.
1607. M⁰ Philippe Thieulaine, écuyer, seigneur de Graincourt, avocat [1].
1608. M⁰ Isaac Parent, natif d'Houdain, chapelain de la Confrérie.
1609. Nicolas Le Bourgeois.
1610. Adrien Deslions, procureur, bailli général des dames de la Thieuloye.
1611. François de Forcheville, receveur de la Confrérie.
1612. Jean Gallot, procureur.
1613. Sire Martin Pecqueur, chapelain et trésorier de la Cathédrale.
1614. Adrien de Vérité, procureur au conseil d'Artois.
1615. M⁰ Jean Duix, avocat.
1616. Samuel Morguet, receveur.
1617. Robert Gallot, receveur.
1618. M⁰ Alexandre Le Merchier, avocat.
1619. M⁰ Germain Le Maire, écuyer, avocat.
1620. M⁰ Pierre Deslions, avocat.
1621. M⁰ Laurent de Monstreul, licencié ès-lois, seigneur de Merlimont.
1622 M⁰ Louis de Thieulaine, seigneur de Vimy.
1623. Jean Foucquier, bourgeois, marchand.
1624. M⁰ Antoine de Warlincourt, bachelier en droit.
1625. Jean Lombart, seigneur de Wandelincourt.
1626 M⁰ Antoine de Douay, seigneur de Courcamp, avocat.
1627. M⁰ Augustin Barbet, seigneur de Wattinnes, avocat.
1628. Pierre Le Cambier, marchand.
1629. Thurien Le Fevre, écuyer, dit d'Aubrometz.
1630. Jean Foucquier le Josne, marchand de draps.

[1] C'est l'Auteur du précieux manuscrit auquel il a donné son nom et qui supplée, pour nous, à l'ancien Cartulaire de la Confrérie.

1631. M° Thomas Bassée, prêtre, seigneur d'Equire.
1632. François Boucquel, marchand.
1633. Nicolas de Fremicourt, marchand de vin.
1634. Philippe De le Rue, marchand tanneur.
1635. M° Fourcy Hecquin, avocat.
1636. Antoine Chasse, marchand de vin.
1637. Robert Haudouart, bourgeois.
1638. M° Jean de Crespieul, seigneur de Précourt.
1639. M° Philippe de Milly, chapelain de la Confrérie.
1640. Adrien Daix. La ville assiégée le 13 juin, réduite le 6 août.
1641 et 1642. M° Antoine Deslions, avocat au Conseil d'Artois, en exercice jusqu'en 1614.
1645. Artus Henions, maître de la monnaie.
1646. Isaac Bullart, chevalier de l'ordre de Saint-Michel, grand bailli de Saint-Vaast et intendant du Mont-de-Piété.
1647. Pierre Chasse, marchand.
1648. M° Charles Deslions, avocat.
1649. Léonor Deslions, écuyer, licencié en droit, seigneur de Choquelvis, affligé de la peste, s'est voué à la Vierge.
1650. Jean Courcol, licencié ès lois Sa veuve a donné à la chapelle, un ornement blanc en broderie.
1051. David Noël, marchand.
1653. M° Robert de Milly, prêtre de Saint-Géry.
1654. Pierre Chasse, le jeune, marchand.
1655. Jean Foucquier, marchand, *au Soleil d'Or*.
1656. Louis de Valicourt, prévost, maréchal d'Artois, secrétaire de M. le comte de Mondicourt, gouverneur des ville et cité d'Arras.
1557. Jean-Adrien Mullet, avocat au Conseil d'Artois échevin d'Arras.
1558. M° Jacques Hapiot ou Chaprot, avocat et argentier de la ville d'Arras.
1659. Pierre Delebecque, seigneur de Merlimont, greffier du Conseil d'Artois.
1660. Jean Noël, marchand.
1601 Jean-François Piot, marchand.
1662. Hector Bacler, greffier de la ville.

1663. M° Nicolas de Douay, avocat au Conseil d'Artois, échevin d'Arras.
1664. Sébastien de Chelers, seigneur d'Offins et de Louanne.
1665. Albert Foucquier, échevin d'Arras
1666. M° Christophe de Beaurains, avocat au Conseil d'Artois, et ensuite conseiller.
1667. M° Pierre Gaillart, seigneur de Courchelles, avocat au Conseil d'Artois, échevin d'Arras.
1668. M' François de Fontaines, avocat, conseiller de la ville.
1669. François Boucquel, seigneur de Désiré-Fontaines, échevin d'Arras.
1670. M° Jean de Laire, échevin d'Arras.
1671. Jean-Baptiste Boucquel.
1672. Guillaume Postel, marchand de vin, échevin d'Arras.
1673. François Joffroy, capitaine d'Avesnes-le-Comte, receveur des domaines du roi
1674. Guillaume Routart, marchand de vin, échevin d'Arras.
1675. M° Guillaume-François Rouvroy, avocat au Conseil d'Artois.
1676. *Point de nomination.*
1677. Martin du Sart ou de Sains.
1678. Philippe-Alexis Foucquier.
1679. Pierre Ansart, marchand de vin, échevin d'Arras
1680. François-Dominique Le Caron, écuyer, seigneur de Cauettemont.
1681. M° Antoine de Fontaines, écuyer, échevin, seigneur de Saint-Martin, avocat au Conseil d'Artois.
1682. M° Jacques-François Prevost, avocat au parlement, échevin d'Arras.
1683. Jean Noël, marchand.
1685. Adrien Enlart, rentier.
1687. M° Louis Adrien Baudelet, avocat.
1689. M° Pierre Baillard, seigneur de Courcelles, avocat et greffier des États d'Artois.
1690. Guillaume Mathon, écuyer, receveur général des États d'Artois.
1691. M° Nicolas François Boucquel, seigneur de Chérisy et autres lieux, avocat.

1692. Maximilien Chasse.
1693. Mᵉ Jean Foucquier, avocat.
1695. Ignace Payen, rentier.
1696. Mᵉ de Ronville, avocat, procureur général de la ville.
1697. Gilles Doby, procureur au Conseil d'Artois.
1698 et 99. Mᵉ Jacques-François de St-Pol, avocat, échevin d'Arras.
1700. Mᵉ Brogniart, licencié en médecine.
1701. Mᵉ Jacques de la Charité.
1702. M. Volant de Berville, marquis de Lisbourg.
1703. Mᵉ Le Gentil, avocat au Conseil d'Artois.
1704-1706-1708-1710. Mᵉ Dambrines, conseiller au Conseil d'Artois
1705-1707-1709. M. Pierre Gulbart, Conseiller au Conseil d'Artois.
1711. Mᵉ Cuvelier, rentier.
1712-14-16. M. Antoine Viart, argentier de la ville.
1713-15-18. M. Louis du Pasquier, intendant du Mont-de-Piété.
1717-19. M. Pierre Morant, procureur-général de la ville.
1720. M. Herman, avocat au Conseil d'Artois.
1721. M. Jérôme Noël Rose, rentier.
1722. M. Étienne-François Bacler, greffier du Magistrat.
1723. Mᵉ Jean-François Decroix, seigneur de Plingel, avocat au Parlement, mort, sans avoir exercé, le 15 mars 1723.
   Mᵉ Jean-Albert-Joseph Foucquier, avocat, décédé le 21 août 1723.
   Mᵉ Charles-Philippe Quarré, seigneur de Boiry.
1724. Mᵉ François-Albert de St Pol, avocat.
1725. Mᵉ Gilles Hosquet, avocat.
1726. Messire Guislain-Joseph Quarré, seigneur du Repaire.
1727. Louis-Joseph de Baillœul, rentier.
1728. Pierre-Léonor Le François, seigneur du Fétel.
1729. Luc-François-Bertin Poitart, seigneur de Ficheux.
1730. Louis Le Prévost, seigneur de Franlieu.
1732-34-40. Mᵉ René-Louis Watelet.
1733-38. Louis-Dominique Le Caron, seigneur du Rollois.
1735. M. Boucquel, mayeur d'Arras.
1741. M. Ambroise Payen de l'Hôtel.
1742. M. Dubois de Duisans.

1743-45. M. Hyacinthe Herman.

1744. M. Antoine Cauwet.

1746-48-50. M. Louis Herman.

1747-49-53. M Watelet.

1751. M. de Ligny.

1752. M. de Saint-Paul.

1754 56-58-60-62-72 M. le comte de Brandt de Galametz.

1755-57-61-66-68-70 M. du Hamel de Grand-Rullecourt

1759-61-63-65-67-69-71. M. Ternaux, curé de Saint-Géry.

1773-75-77-79-81. M. Vindicien Herman.

1774-76-78 M Antoine-Bruno Herman.

1780-82. M. Watelet.

1783. M. François-Xavier Desmazières.

1784. M. de Madre.

1785. M. Charles-François-Marie Grimbert.

1787. M. Le Roy d'Hurtebise.

1788. M. le chevalier de Hauteclocque de Quatrevault.

1789. M. Duponchel.

1790-1792 : le dernier compte de la Confrérie, arrêté le 30 avril 1792, indique 7,004 livres 10 sols de dépenses, et seulement 3,665 livres 6 sols 2 deniers de recettes : il porte la signature de MM. Watelet, de Hauteclocque, de Madre, d'Aix, A. Fr. Le Roy, Gossart, Grimbert, et celle de Pierre-Guislain Morel, receveur.

PREMIÈRE PARTIE

DISTRIBUTION

Par ordre de date, dans chaque siècle,

DES TRADITIONS ET FAITS, DES MARQUES DE VÉNÉRATION, D'HONNEUR ET DE PROTECTION, DES MONUMENTS, ÉDIFICES, DES DONATIONS ET FONDATIONS, DES PRIVILÉGES ET INDULGENCES, DES TITRES ET AUTORITÉS CONCERNANT LE SAINT-CIERGE D'ARRAS

Chronique rédigée au nom de la Confrérie de N.-D. des Ardents par M. François-Xavier DESMAZIÈRES, Mayeur, Avocat au Conseil d'Artois [1].

1770.

DOUZIÈME SIÈCLE

ET LE PREMIER DE L'AVÉNEMENT DU SAINT-CIERGE.

Avénement du Saint-Cierge d'Arras, dans l'église Cathédrale de Notre-Dame d'Arras, le 27[2] de mai de l'année 1105.

[1] [Extrait d'un *Mémoire* manuscrit dont on trouve une copie aux Archives de l'Évêché, et aux Bibliothèques de la Ville et de l'Académie d'Arras.]

[2] [D'après l'*Art de vérifier les dates*, le 27 mai 1105 était un samedi. Or, la charte d'Alvise, que nous publierons dans la seconde partie, nous apprend que l'évêque Lambert et les deux ménestrels passèrent en prières la nuit du samedi, dans la cathédrale, mais que ce ne fut que le dimanche, vers 3 heures du matin (*in primo galli cantu*), que l'apparition de la Vierge eut lieu. La date exacte de l'avénement

Guérison miraculeuse des cent quarante-trois malades autour de la Cathédrale, et la mort violente du cent quarante-quatrième [1].

du Saint-Cierge est donc le dimanche de la Pentecôte, 28 mai 1105, ainsi que le témoigne d'ailleurs un ancien manuscrit (voir dans la seconde Partie la pièce intitulée : *De sacro cereo attrebatensi*), où nous lisons les deux passages suivants : *Sacer cereus attrebatensis delatus est...die dominica 5° calend. junii anno Christi 1105.—Præcipua hujus confraternitatis festiva dies solebat esse in Dominica proximiori 5° calend. junii.* Or, le 5ᵉ jour avant les calendes de juin est bien le 28 mai, et c'est pour cette raison que nous voyons, en 1120, l'évêque Robert dater son acte confirmatif de la Confrérie de ce même jour anniversaire de l'apparition. Enfin, il n'est pas sans intérêt de remarquer que la Pentecôte fut pendant longtemps l'une des trois fêtes pendant lesquelles avaient lieu les réceptions des nouveaux confrères; ce jour-là on leur donnait à boire de l'eau dans laquelle on avait fait couler quelques gouttes du Saint-Cierge, ce qui explique cette expression employée à propos de ces solennités : *Potus in Purificatione, Potus in Pentecoste, Potus in festo sancti Remigii.* (Registre Thieulaine, fol. XXXIX.)

[Le Registre Thieulaine (fol. xxxvii) commet donc une grave erreur en disant que le Saint-Cierge fut apporté le dimanche IXᵉ de juin, d'autant plus que le 9 juin 1105 n'est pas un dimanche; le copiste a lu *IX juin* au lieu de *V X junii* (*Vᵉ kal. junii.*) — [*Note de l'Auteur.*]

[1] Tableau en trois parties dans l'église cathédrale, attaché derrière le chœur, vis-à-vis la chapelle appelée la Chapelle du Doyen, représentant ladite église cathédrale, les malades assemblés autour de ladite église, l'avènement du Saint-Cierge apporté par la Sainte-Vierge, la distribution de l'eau aux malades par l'évêque Lambert, Itier et Normand.

Autour de la partie du milieu dudit tableau se trouve cette inscription : *Buisson ardent, Lumière inextinguible*. [Ce triptyque, actuellement dans la Cathédrale d'Arras, porte sur la partie externe de son volet droit un texte de 1647 qui place l'avènement du Saint-Cierge *anno 1105, 7 kal. junii* : il est évident que ce chiffre 7 a été mis au lieu du 5 qui est la date véritable. — *N. de l'A.*]

Il est bien apparent que les officiers du Prince et ceux de l'évêque furent chargés en même tems, d'empêcher les désordres, et prêter la main, dans tous les cas, au Saint-Cierge et à la Confrairie.

Suivent des citations latines tirées du texte ci-dessus indiqué : *De sacro cereo attrebatensi*. — *N. de l'A.*

Semblable guérison des autres malades, dans les différents quartiers de la ville, dans les campagnes et villes voisines.

Association de l'évêque Lambert et des principaux de la ville, avec Itier et Normand, pour la garde spéciale du Saint-Cierge.

Le Saint-Cierge déposé dans l'église paroissiale de Saint-Aubert.

Établissement de la procession anniversaire et solennelle, ainsi que de l'offrande à la Sainte-Vierge, dans son église.

Production du Saint-Cierge distribuée par Lambert aux habitants de Lille, à Eustache comte de Boulogne, à l'abbé de Ruisseauville et autres [1].

Dans l'année 1109, translation et déposition du Saint-Cierge dans la chapelle de l'hôpital de Saint-Nicolas, vis-à-vis le pont de Saint-Vaast.

La représentation de l'image du miracle, sculptée et gravée sur la muraille du chœur de l'église Cathédrale [2].

Dans l'année 1115, décès de l'évêque Lambert : épitaphe sur sa tombe, finissant par ces termes : *Huic et duobus joculatoribus Iterio et Normano, Beata Maria in hâc Ecclesiâ apparuit, dans eis candelam per quam sanantur ardentes igne malo.* [*Voir dans la II° Partie le texte complet de cette épitaphe.*]

Bulles du pape Gélase II° données à Cluny, l'an 1119, le jour de la fête de la chaire de Saint-Pierre, adressées

---

[1] MALBRANCQ, *De Morinis*, vol. 3, ch. XV.

[2] FERRY DE LOCRE.—Voyage littéraire des savants qui ont travaillé au *Gallia christiana*. — Mss. de BLONDIN, chanoine et docteur en théologie.

à Robert, évêque d'Arras, pour l'approbation et confirmation de l'association et Confrairie de Notre-Dame-des-Ardens, contenant ce qui suit [1] : [*Voir le texte entier dans la IIe Partie.*]

Bulles de Robert, évêque d'Arras, successeur de Lambert, 1120, le 5e jour avant les calendes de juin pour la même fin, contenant aussi ce qui suit : [*Ce texte est également donné en entier dans la IIe Partie.*]

Dans l'année 1130 ou 1131, voyage de saint Bernard à Arras [2] pour voir, visiter et honorer le Saint-Cierge.

La Chartre ou l'histoire du Saint-Cierge, dressée, renouvellée par les soins d'Alvise, évêque d'Arras, successeur de Robert, dans l'année 1133. [*Cette charte se trouve dans la IIe Partie.*]

Vers l'an 1140, donations par les comtes de Flandre,

---

[1] Les lettres et bulles se trouvent dans un livre appellé *la Bibliothèque du cardinal Sirlet*, fol. 320. Ce cardinal a été fait bibliothécaire du Vatican par le pape Pie V à la sollicitation de saint Charles Borromée.

Ces lettres se trouvent en copie dans le dépôt de la Confrairie. Elles sont raportées dans les différentes histoires imprimées du Saint-Cierge, même par les Auteurs qui en ont écrit passagèrement.

[2] Monument existant à cette occasion, qui se voit encore aujourd'hui dans la Croix de fer sur un piédestal de grès, dans l'ancien cimetière de Saint-Vaast, contre la nouvelle muraille, du côté de la Cour-le-Comte. — Ferry de Locre en ses Chroniques. Gazet en son Histoire.

Sanctus Bernardus, quum aliorum, tum sacri Cerei, recens e superis per Virginem Deiparam allati, videndi et honorandi caussa, venit Atrebatum. Quo quidem viso et suis laudibus ornato, tanta mellifluus Doctor spiritus dulcedine repletus est, ut ad perpetuam memoriam, in vetere Cœnobii Vedastini Cœmiterio, et regione Curiæ Comitis (ut vocant) Crucem erigi curaverit. Quippe illic recte locus, in quo stans Bernardus, compos fuit votorum : juxtim nimirum sacrum pignus reconditorium suum tum obtinebat, vico cui a Picis nomen. (Ferreoli Locrii Chronicon belgicum, ex Mon. D. Pronier majoris in S Vedasto Prioris.)

dont Arras passoit alors pour la capitale, à la Confrairie de Notre-Dame-des-Ardens, du terrein appellé depuis *le Préau des Ardens*, contenant ce qu'on appelle aujourd'hui *la rue Neuve-des-Ardens* et les maisons construites depuis, de côté et d'autre de la dite rue [1].

Construction d'une chapelle dans ledit Préau, suivant toute apparence, beaucoup plus grande que celle qui existe aujourd'hui, et de plusieurs bâtimens à l'usage de la Confrairie, savoir : une salle de quatre-vingt pieds de long, sur une largeur proportionnée pour les assemblées des Mayeurs ; un logement pour les gardiens, concierges et supots de ladite chapelle et Confrairie ; plusieurs tentes et appentis pour les chevaux des officiers de la Gouvernance, des sergens et de la milice bourgeoise, accoutumés de se relever alors pour la garde continuelle du Saint-Cierge.

[Ici se place la première rédaction des Statuts de la Confrérie qui soit parvenue jusqu'à nous ; nous la publierons dans la II⁰ Partie, et nous dirons les motifs qui nous autorisent à la rapporter à l'année 1194, sous l'épiscopat de Pierre I*ᵉʳ*, Évêque d'Arras.— *N. de l'A.*]

---

[1] Arrentement d'un appentis audit préau, en 1296.
Sentence arbitralle du 17 aoust 1550
Lettres-patentes de Charles-Quint, 1551.
Lettres-patentes de Philippe, Roy d'Espagne, de 1566.
Transaction entre les échevins et les mayeurs, de 1565, et la demeure et adjudication des huit portions du préau par les mayeurs.
Toutes ces pièces sont au dépôt, sauf les lettres-patentes de 1551 qui ne se retrouvent pas, mais qui sont énoncées dans celles de 1566.
Il y a aussi arrentement de la partie du préau appelée *le Griffon*, devant les échevins d'Arras, par la Confrairie, en douze cent..

TREIZIÈME SIÈCLE

ET 2ᵐᵉ DE L'AVÉNEMENT DU SAINT-CIERGE.

Donation à la Confrairie de Notre-Dame des Ardens, de quinze mesures de terres, au terroir de Lagnicourt, par la nommée Emme, femme d'Adam le Sauvage, de l'année 1210 [1].

En 1215, construction de la célèbre Pyramide sur la place publique, par l'ordre, les soins, la libéralité et magnificence des Comtes d'Artois, d'une petite chapelle sous cette pyramide, d'une petite sacristie à côté, et d'une espèce de dais avançant sur la place, entre l'autel et la pyramide, sous lequel dais et pyramide, au-dessus de la porte de la chapelle, se lit encore ce qui suit : *Anno dominicæ incarnationis* [MCC, date de la fondation du monument qui ne fut inauguré qu'en MCCXV] *hæc pyramis erecta est in fundo Sancti Vedasti per consensum Abbatis et Capituli, sine quorum assensu, nec altare hîc potest erigi, nec divina celebrari, nec aliud fieri.*

Lettres en latin [2] de Raoul, Évêque d'Arras, du mois de mars 1216, contenant approbation de la vente faite en sa présence et celle des Echevins, par les Abbesse et Religieuses de la Brayelle, au profit de la Confrairie de Notre-Dame-des-Ardens, des trois parts qu'elles avoient dans une maison située à Arras devant celle de Robert le Gras.

---

[1] Plusieurs lettres en parchemin, jointes à la saisine de 1251 ci-après concernant cette donation au dépôt.
[2] Ces lettres se trouvent au dépôt.

Au mois de mai 1220 [1], donation d'un muid d'avoine par Michel de Harnes, sur les revenus d'Acheville, à la Confrairie.

Semblable donation par le même, d'un autre muid d'avoine en juillet 1224.

[En 1224, Additions aux Statuts de la Confrérie. — *Voir II° Partie.*]

Donation de deux mencauds de bled [2], sur deux mencaudées, au village de Mireaumont, par Hugues de Mireaumont, chevalier et Élizabeth sa femme, en 1237, au mois de mai.

Dans le même tems à peu près, donation de deux rasières de bled sur quatre mesures de terre à Bailloeul-sire-Bertoult, par le seigneur dudit lieu.

Donation de vingt-trois mesures de terre et de quatre mencauds de bled, au village Du Fresnoy, par le seigneur dudit lieu [3].

Donation de dix-sept coupes et demie de terre, au village de Rouvroy, par le seigneur dudit lieu [4].

En 1241, Chartre ou Histoire du Saint-Cierge, dressée et renouvellée, et de nouveau enregistrée par les soins d'Asson, évêque d'Arras [5].

Dans la même année, pareille Chartre dressée par les mayeurs [6], sous les seaux de la Confrairie desdits

[1] Les actes de donation se trouvent au dépôt.
[2] L'acte de donation est aussi au dépôt.
[3] Plusieurs anciens arrentements et reconnoissances, le 1er de 1440, au dépôt, et autres papiers postérieurs au sujet desdites terres, au dépôt.
[4] Une liasse d'anciens baux concernant lesdites terres.
[5] GAZET, Père FATOU. [*Voir II° Partie*, où se trouve aussi la formule de réception dans la Confrérie.].
[6] Cette chartre existe encore dans le dépôt de la Confrairie.

Le tonnerre étoit tombé sur l'église de Saint-Géri en 1233. Cette

Mayeurs, de l'abbaye de Saint-Vaast, des religieux et couvent de l'Ordre des Frères Mineurs, des religieux et couvent de l'Ordre de la Trinité, des religieux et couvent de l'Ordre des Frères Prêcheurs.

[En 1248, lettre comendatoire du maieur des Ardentz à l'Hospital des Pauvres Clercs d'Arras. — *Voir IIe Partie.*]

En 1250, raport d'héritage [1] pardevant les officiers de Beaumetz-lès-Cambrai, de quinze mesures de terre au terroir de Lagnicourt, données à la Confrairie de Notre-Dame-des-Ardens, par la nommée Emme, femme d'Adam le Sauvage.

[Règlement de la Confrérie au XIIIe siècle. — Poème de la Sainte-Chandelle, à la même époque. — *Voir IIe Partie.*]

Transaction et accord en 1281, au mois de juin [2] entre le Chapitre d'Arras et les curés du doyenné d'Arras d'une part, les mayeurs de la Confrairie de Notre-Dame-des-Ardens d'autre part, au sujet des cierges apposés dans les églises autour des corps des mayeurs défunts, par laquelle transaction se trouvent réglés les droits de l'Évêque, du Chapitre, des curés et de la Confrairie à cet égard.

Arrêt du parlement de Paris rendu en 1285 [3], sur contestation entre les officiers du comte d'Artois d'une

---

église, menacée d'un incendie total, fut sauvée, suivant la tradition, par des gouttes du Saint-Cierge jettées au milieu du feu qui s'éteignit aussitôt. Ce miracle a été vraisemblablement l'occasion du renouvellement desdites chartres.

[1] Ce raport est au dépôt.

[2] Cet acte existe encore dans le dépôt en copie collationnée et tirée des archives du chapitre d'Arras, avec plusieurs reconnoissances des curés de la ville, après complainte sur ce sujet. [*Voir IIe Partie.*]

[3] Copie de cet arrêt par extrait se trouve dans le dépôt de la Con-

part, le bailli d'Amiens pour le Roi, joint à lui les officiers de l'abbaye de Saint-Vaast, d'autre part, au sujet d'une émotion populaire sur la place publique de la ville d'Arras, dont la connoissance par cet arrêt fut adjugée aux officiers du comte d'Artois ; et, dans l'énoncé de cet arrêt, pour désigner plus particulièrement le lieu de l'émotion, se trouve ce qui suit : *juxta locum ubi Candella Beatæ Mariæ est reposita et ubi consuetum est a Deo multa operari miracula.*

En 1296, arrentement [1] d'une des tentes ou appentis derrière la salle de la Confrairie, au Préau des Ardens, moyennant vingt-huit sols par an.

QUATORZIÈME SIÈCLE

ET LE 3me DE L'AVÉNEMENT DU SAINT-CIERGE.

Au commencement, et pendant ce siècle, furent données à la Confrairie la plus grande partie des petites rentes [2] qu'elle possède sur quantité de maisons en cette ville, lesquelles rentes peuvent monter aujourd'hui à quinze ou seize livres par an.

---

frairie, tirée des archives de la ville d'Arras, sous la collation du greffier de la ville.

Du Cange, *verbo*.

[1] Cet acte se trouve au dépôt.

[2] Nombre de titres primordiaux et actes de reconnoissance, au sujet desdites rentes se trouvent au dépôt.

[Vers 1315, rédaction des hommages dus à l'Abbaye de Saint-Vaast. — *Voir II° Partie.*]

Lettres de Mehaut, Comtesse de Bourgogne et d'Artois du 11 décembre 1320 [1], par lesquelles elle donne à la Confrairie de Notre-Dame-des-Ardens vingt sols de rente sur le petit tonlieu d'Arras, *pour le remède des ames tant de bonne mémoire notre très-cher Seigneur et père, Robert jadis comte d'Artois, que de nous et de nos enfants.* — [*Voir II° Partie.*]

En 1329, Pierre Roger, Abbé de Fescamps, depuis Evêque d'Arras et Souverain Pontife sous le nom de Clément VI° se fait inscrire dans la Confrairie [2]. [En 1338, nouvelles additions aux Statuts de la confrérie. — *Voir II° Partie.*]

En 1348, le même Pierre Roger parvenu à la Papauté [3] accorde des indulgences à la Confrairie de Notre-Dame du Joyau à Lille : dans cette Bulle la Chandelle de Lille, l'une des productions du Saint-Cierge d'Arras, donnée par Lambert aux habitants de cette ville, y est appellée *le Cierge céleste, la Chandelle des vertus,* et la procession, qui se fait à son occasion, y est énoncée en ces termes : *ex antiquis fieri solita.*

En 1349, le même Pape fit enregistrer l'histoire du Saint-Cierge d'Arras [au Vatican].

---

[1] Ces lettres se trouvent au dépôt, du moins en copie collationnée, au registre intitulé : CARTULAIRE DE PLUSIEURS TITRES, et avec plusieurs extraits des comptes du domaine à ce sujet.
La châsse d'argent qui renferme encore aujourd'hui immédiatement le Saint-Cierge, faite par les soins, les ordres et la libéralité de la même comtesse d'Artois. *Bersacius. Ferreolus Locrius. Gazet.*

[2] GAZET. Le Père FATOU. Histoire des saints de la province de Lille.

[3] Après le concile de Rheims, tenu en 1344 par les évêques de Tournay, de Thérouanne, d'Amiens, de Laon, de Soissons, de Senlis.

En 1355, acquisition par la Confrairie d'un arrentement sur la terre de Quevigny, produisant vingt livres de rente[1].

En 1361, acquisition de la Seigneurie, appelée le Viel Simencourt, par la dite Confrairie, de Floridas de Famechon[2].

[En 1376, Charte de Philippe d'Arbois, Evêque de Tournay, relative au Saint-Cierge de Lille. — *Voir II° Partie.*]

[En 1383, nouvelles additions aux Statuts. — *Voir II° Partie.*]

Lettres de sentences[3] du 11 mars 1395 données par Pierre Daisnes, Ecuier, Bailli d'Arras et *à icelle cause,* y est-il dit, *Gardiens des Mayeurs et Caritables de la Confrairie de Notre-Dame-des-Ardens,* au sujet d'un différent entre ladite Confrairie et le seigneur de Simencourt.

QUINZIÈME SIÈCLE

ET LE 4ᵐᵉ DEPUIS L'AVÉNEMENT DU SAINT-CIERGE.

Dans la première année de ce siècle, en 1401, le

---

[1] Les titres se trouvent en copies collationnées au dépôt.
Les originaux remis aux acquéreurs lors de l'aliénation de cette partie en 1618.

[2] Plusieurs actes, dénombremens, reliefs et autres titres en copies, au dépôt; les originaux remis au Seigneur de cette partie, par échange, en 1715.

[3] Ces lettres sont dans le dépôt en copies collationnées, page 107 du CARTULAIRE.

12 aoust, Lettres¹ de Philippe fils du roi de France, duc de Bourgogne, comte de Flandre et d'Artois, pour faire paier par le receveur de ses domaines les vingt sols de rente annuelle sur le tonlieu de la ville d'Arras, et les arrérages depuis 12 ans, à la Confrairie de Notre-Dame-des-Ardens, *dont nous sommes,* est-il dit dans ces lettres ; et il est ajouté : *quand bien même il ne seroit pas autrement prouvé que nous fussions de ladite Confrairie.*

Indulgences accordées aux chapelles de ladite Confrairie, par le pape Innocent VIII, par bulles du 16 février 1406².

En 1421, fondation par Jean Sacquespée, chevalier, seigneur de Beaudimont, maire et mayeur de la ville, d'une chapelle plus grande, joignant la petite chapelle sous la pyramide, d'une messe journalière en ladite chapelle, à la rétribution de quarante livres par an, suivant les actes de fondation³ et les lettres d'autorisation sur icelle tant de Martin Porée, évêque d'Arras, du neuf juillet [mars] 1421 [*Voir II⁰ Partie*], que du Chapitre d'Arras du 9 octobre 1422, et suivant les lettres d'amortissement de

---

¹ Ces lettres sont au dépôt avec plusieurs extraits du compte de domaine à cet égard. — [*Voir II⁰ Partie.*]

² GAZET. — Le Père FATOU.

³ Les lettres de fondation et d'autorisation, tant de l'évêque que du Chapitre, sont au dépôt de la Confrairie en copies collationnées par le greffier de la ville, comme tirées du registre du Chapitre d'Arras, de l'an 1422, fol. 152 : il paroit par ces lettres que la nomination du chapelain appartenoit alternativement à l'évêque et au Chapitre.

Copies des lettres d'amortissement sont aussi au dépôt, en forme de *Vidimus*, données par les échevins d'Arras, les 4 et 16 décembre de la même année 1439, avec l'acte du 14 juillet 1432.

La custode de cuivre émaillé, qui sert à renfermer la châsse d'argent dans laquelle est le Saint-Cierge, donnée par ledit Jean Sacquespée.

— 71 —

ladite rente de quarante livres, payable par la ville d'Arras, accordées par Philippe de Bourgogne, comte de Flandre et d'Artois, du 4 septembre 1439, et aussi, suivant un acte du 4 juillet 1432, fait avec les échevins d'Arras, par lequel sire Bauduin de Méricourt, prêtre et chapelain, reconnoit que les effets et ornemens de ladite chapelle y mentionnés, lui ont été délivrés par Antoine et Jean Sacquespée.

En 1431, indulgences accordées par le cardinal de Sainte-Croix qui se trouvoit à Arras pendant les trois jours de la fête.

[En 1434, rapport fait à la prévôté de Beauquesne. — *Voir IIe Partie*.]

En 1435, *Vidimus* en parchemin [1] par l'official d'Arras, en présence de deux notaires apostoliques, délivré à la confrérie, des lettres données le 25 septembre de la même année par le cardinal de Chypre, député et légat *a latere* au royaume de France, par le Saint-Siége, et le Concile de Trente, étant à Arras, pour le traité de paix conclu en cette ville, en ladite année 1435, par lesquelles le cardinal, en vertu de l'autorité de l'Église universelle à lui commise, confirme et ratifie, à la requête de Jean Sacquespée, la fondation faite de la chapelle joignant celle de la pyramide et du chapelain, par Jean Sacquespée son père, et l'augmentant, permet de faire l'eau bénite chaque jour de dimanche, en ladite chapelle, et de faire pendre une cloche pour appeler les fidèles, et accorde cent jours d'indulgences à tous ceux qui vraiment contrits et confessés, visiteront ladite chapelle, les jours des

[1] Se trouve de même au dépôt.

fêtes de la Sainte-Vierge, de la Nativité de Saint-Jean, de Saint-Pierre et de Saint-Paul.

En 1432 et 1438, reconnoissances [1] par les curés de Saint-Aubert et de Sainte-Croix, des droits de la Confrairie, à l'occasion des cierges apposés autour des corps des mayeurs défunts, suivant l'acte de 1281 fait avec le Chapitre et les curés du doyenné d'Arras.

En 1450, enregistrement de l'histoire du Saint-Cierge d'Arras par les soins du pape Sixte IV [2].

En 1463, Louis XI étant à Arras [3], logé dans la maison de l'Official, voulut voir le Saint-Cierge, qui lui fut montré au son de la grosse cloche de la ville, nommée alors *Désirée*, laquelle fut cassée en cette occasion, par la faute des sonneurs, suivant les registres de la ville.

En 1477, la procession solemnelle qui se faisoit le jour du Saint-Sacrement, remise au dimanche, sur les réquisitions et la représentation des mayeurs et confrères [4].

En 1482, *Vidimus* [5] de la Chartre, de 1241, sous les six seaux, mentionnée ci-dessus, la dite Chartre repré-

---

[1] Ces reconnoissances se trouvent au dépôt et jointes à l'acte de 1281, et autres pièces concernant les mêmes sujets.

[2] François de la Rouvère, natif de Savonne, monta sur le Saint-Siége sous le nom de Sixte IV, étoit cordelier et général de cet ordre, ensuite cardinal et pape le 9 aoust 1471, âgé de 53 ans. En 1450, il n'étoit encore que cardinal lorsqu'il prit soin de l'*Histoire de la Sainte-Chandelle*.

[3] Registres et Mémoriaux de la ville, fol. 132 (1463-1479).
Registres et Mémoriaux de la Confrairie.

[4] Acte par devant les échevins entre le Chapitre et la Confrairie, où il est fait mention de droits, observances et compositions anciennes de toute ancienneté, entre les prélats, évêques, Chapitre et Confrairie. [*Voir II*e *Partie.*]

[5] Ce *Vidimus* se trouve au dépôt et doit vraisemblablement son existence à la précaution qu'exigeoit ce tems de trouble où la ville venoit de changer de nom et d'habitans. [*Voir II*e *Partie.*]

sentée par Jean de Beaumont l'un des échevins de la ville, depuis Mayeur ou maire de la dite ville, ayant la direction des affaires de la Confrairie, en présence du chapelain de la dite Confrairie et du Promoteur de l'évêché, par Jean l'Hostilier et Jean d'Houdain, tous deux notaires apostoliques en la Cour de l'évêché d'Arras, fait dans la maison de Jean de Rubempré, chanoine et archidiacre d'Arras.

Les comptes de la Confrairie accoutumés de se rendre chaque année, dès l'institution de la Confrairie vraisemblablement, et toujours continués depuis en la même forme, se trouvent au dépôt de la Confrairie, au nombre de vingt-deux, pour ce siècle, savoir pour les années 1411, 1422, 1424, 1425, 1426, 1431, 1432, 1435, 1438, 1440, 1441, 1442, 1444, 1445, 1449, 1450, 1459, 1460, 1463, 1465, 1489, et 1492.

SEIZIÈME SIÈCLE

ET LE 5me DEPUIS L'AVÈNEMENT DU SAINT-CIERGE.

En 1513, le tonnerre tomba sur l'abbaye de Saint-Vaast, le jour de saint Benoît. Le feu éteint et l'incendie arrêté, en y jettant des gouttes du Saint-Cierge [1].

Lettres de Charles-Quint du 7 septembre 1524 [2] pour faire payer à la Confrairie par le seigneur de Quevigny,

---

[1] GAZET. — Le P. FATOU.
[2] Ces lettres se trouvent au dépôt.

l'arrentement de vingt livres par an, dont ladite terre étoit chargée.

[En 1537, reconnaissance par les mayeurs et confrères de Notre-Dame-des-Ardents. — *Voir IIe Partie.*]

En 1540, 1541, 1544, le sermon du Saint-Cierge prononcé par Mgr l'Évêque de... suffragant et faisant les fonctions épiscopales dans le diocèse, pendant l'absence de Mgr Perrenot [1].

En 1548, pain de quatre livres pesant, formé des gouttes du Saint-Cierge, et conservé dans la chapelle sous la pyramide [2].

Sentence arbitralle du 18 aoust 1550 [3], entre la Confrairie de Notre-Dame-des-Ardens et l'abbaye de Marœul, pour la maison appellée le griffon, appartenante à cette abbaye et tenante au Préau des Ardens, au sujet du rétablissement d'une muraille du côté dudit Préau.

Lettres Patentes de l'empereur Charles-Quint, du 28 aoust 1551, contenant autorisation en faveur de la Confrairie, de pouvoir prendre à rente une somme de sept cents florins carolus d'or.

[En 1553, règlement touchant le Bancquet principal du maieur. *Voir IIe Partie.*]

Transaction [4] entre la Confrairie et les échevins d'Ar-

---

[1] Comptes, Registres et Mémoriaux de la Confrairie.

[2] Registres et Mémoriaux de la Confrairie. [Ce pain, enlevé en 1793, a été envoyé à l'assemblée de la Convention. Cette cire étoit dans une châsse d'argent rivée de toute part, de sorte que n'ayant jamais été ouverte depuis 1548, on ignore s'il y avoit un procès-verbal dans cette châsse. Après la Révolution, ce pain a été déposé, avec le Saint-Cierge, à la cathédrale.]

[3] Cette sentence, avec les pièces du procès, se trouvent au dépôt.

[4] Cette transaction, et pièces du procès, demeure et adjudication, sont au dépôt.

ras, au sujet du terrein appellé le Préau des Ardens, du 20 mars 1565.

Les échevins d'Arras avoient demandé au Conseil d'Artois, de pouvoir faire des maisons et une rue dans le Préau, pour l'aggrandissement et embélissement de la ville, en dédommageant la Confrairie, ce qui avoit été adjugé aux échevins par sentence du Conseil d'Artois, en payant à la Confrairie une rente annuelle et perpétuelle de cinquante livres, au rachat de huit cens livres, et en laissant à la Confrairie les portions du dit terrein où étoit la chapelle, la salle d'assemblée, la maison et autres batimens à l'usage de la Confrairie.

Par cette transaction, il fut convenu que la ville payeroit à la Confrairie, cent livres de gros, et les arrérages échus depuis la sentence, de la rente de cinquante livres ; que la partie du terrein où étoit la chapelle, la salle d'Assemblée et autres batimens actuellement à l'usage de la Confrairie, demeureroient à la dite Confrairie ; que tous les matériaux qui se trouvoient sur le restant dudit Préau, demeureroient aussi à la Confrairie ; que les deniers accordés par Sa Majesté pour avoir fait occuper ledit restant du Préau, et y avoir fait magasin de plusieurs munitions, resteroient aussi à la Confrairie ; que les portions des dits restans du terrein, destinées à construire des maisons de côté et d'autre de la rue nouvelle, seroient données en arrentement par la Confrairie, que moïennant tout cela, la dite rue nouvelle seroit faite au travers dudit Préau et pavée aux dépens de la Confrairie, et après, entretenue par la ville.

En 1562, le Saint-Ciorge augmenta si considérablement que la châsse fut fendue et qu'il fut nécessaire de recouvrir d'une bande d'argent l'endroit où elle étoit fendue[1].

Lettres de 1566 [2] de Philippe, comte de Flandre et d'Artois, contenant autorisation en faveur de la Confrairie de pouvoir prendre à rente la somme de mille florins, pour réparations aux bâtimens du préau, dans lesquelles lettres est énoncé ce qui suit : *Que cette Confrairie est notable et ancienne, instituée passé quatre cens ans et plus, en laquelle se sont par ci-devant mis et inscrit plusieurs Rois, Reines, Ducs et Duchesses, Comtes et Comtesses, Barons et Chevaliers, même plusieurs Prélats et Gens d'églises, tant réguliers que séculiers, et signament nos ancêtres Comtes d'Artois, à laquelle Confrairie appartient entr'autres biens, terres, maisons et héritages, passé ledit tems de trois ou quatre cens ans, certain lieu nommé le Préau des Ardens, situé en notre dite ville d'Arras, amorti et non chargé de rente, quart forain ni d'autre chose ; auquel Préau est une chapelle assez grande en laquelle est célébré le service divin toutes les fois qu'il plait aux dits mayeurs, et principalement durant les quatre ou cinq jours de la fête d'icelle Confrairie, qui se célèbre annuellement et commence la veille du jour et fête du Saint-Sacrement jusqu'au lundi en suivant, durant laquelle fête se porte par chacun jour solemnellement en procession, à croix et gonfanons, la Sainte-Chandelle apportée du Ciel par la glorieuse Vierge Marie, en son église cathédrale audit Arras, passé ledit tems de quatre cens ans, et se pose icelle Chandelle en icelle chapelle, pour y*

---

[1] Registre et Mémoriaux de la Confrairie.
[2] Ces lettres-patentes sont au dépôt.

être visitée et honorée par un chacun, selon sa dévotion; et audit Préau est aussi construit un corps de salle fort ample et spacieux, de la longueur de quatre-vingt pieds, et de hauteur à l'avenant, pour y traiter les affaires de la dite Confrairie, pour réparation de laquelle salle, etc.

Le sermon du Saint-Cierge fut prononcé le jour de la fête et de la procession, par Mgr François Richardot, évêque d'Arras, en 1569[1].

En 1576, l'autel de Saint-Séverin, dans l'église cathédrale, au côté gauche du chœur, en entrant par le grand portail de ladite église, vis-à-vis les orgues, fut rétabli et réparé par les soins et aux dépens d'Antoine Richebé, prévôt et chanoine de ladite église, et orné d'une table d'albâtre où se lisent encore[2] ces deux inscriptions : [*Voir le texte de ces inscriptions dans la IIe Partie, pièce n° XXV.*]

Dans un tableau joint audit autel, dans le même tems, par ledit Antoine Richebé, suivant l'inscription ci-dessus, se voit encore tout l'ordre et la forme de la procession figurée, savoir : la croix, les gonfanons, le dais sous lequel est porté le Saint-Cierge, la marche de la milice bourgeoise, des hautbois, violons, des mayeurs, des officiers de la Gouvernance d'Arras, des échevins de la Cité, des sergens, et de plus, autour dudit tableau se lit encore la description de toute cette procession.

En 1580, le sermon du Saint-Cierge fut encore pro-

---

[1] Registre et Mémoriaux de la Confrairie.
[2] Tout cela existe, se voit et se lit audit autel de Saint Séverin, à la cathédrale.

noncé, le jour de la fête et de la procession, par Mgr Moulart, évêque d'Arras [1].

En 1581, ce sermon fut prononcé par M. Moselsus, official.

Par sentence [2] du Conseil d'Artois, du 8 mars 1582, les religieuses de l'hôpital de Saint-Jean-en-Lestré ont été condamnées de recevoir les confrères des Ardens, malades et souffreteux, lorsqu'ils le requeroient, et les traiter, nourrir et sustenter, comme et selon qu'elles sont tenues à l'endroit des autres bourgeois de la ville d'Arras, si avant qu'il y ait place audit hôpital et qu'ils ne soient infectés de maladie contagieuse, moïennant vingt-cinq patarts par an, au lieu de douze lots de vin à deux patarts, payables au jour du Saint-Sacrement.

Indulgences accordées aux chapelles de la Confrairie par le Pape Clément VIII, en 1597 [3].

Par sentence du Conseil d'Artois du 24 avril 1598, les six sergens ordinaires de la Gouvernance d'Arras ont été condamnés d'assister à la procession, même le jour de l'hommage qui se fait à Saint-Vaast.

En 1598, procession générale à l'occasion de la paix entre la France et l'Espagne, avec le Saint-Sacrement, toutes les autres Reliques portées à cette procession, et le Saint-Cierge, qui ne pouvoit jouir du dais en cette occasion, distingué des autres Reliques par deux torches ardentes portées à ses côtés.

Dans la dernière année de ce siècle, le Saint-Cierge fut allumé et brûla fort longtems, sans aucune diminu-

---

[1] Registre et Mémoriaux de la Confrairie.
[2] Cette sentence et les pièces se trouvent au dépôt.
[3] GAZET. — LE P. FATOU.

tion, en la présence de l'archiduc Albert et de l'infante Isabelle-Claire-Eugénie, souverains de ce pays, étant à Arras en 1600[1].

Dans la même année, le 30 juillet, indulgences accordées par Paul V aux chapelles de la Confrairie[2].

Les comptes de la Confrairie, reposant au dépôt pour ce siècle, sont au nombre de vingt-quatre, savoir : des années 1514, 1515, 1522, 1524, 1525, 1529, 1533, 1534, 1535, 1539, 1540, 1541, 1542, 1543, 1545, 1548, 1549, 1550, 1567, 1579, 1592, 1595, 1596 et 1597.

DIX-SEPTIÈME SIÈCLE

ET 6me DE L'AVÉNEMENT DU SAINT-CIERGE.

En 1602, sentence du Conseil d'Artois[3] contre les six sergens ordinaires de la Gouvernance d'Arras, au sujet de la garde du Saint-Cierge dans la chapelle du Préau, lorsque pendant les quatre jours de la fête, il y est exposé à la vénération du peuple ; dans laquelle sentence il est dit qu'il sera rétabli une tente pour les chevaux desdits sergens.

En 1606, célébration de la messe dans la chapelle de la Confrairie sur la place, par Mgr l'évêque d'Arras.

En 1607, ladite chapelle et le Saint-Cierge encore

---

[1] Registre et Mémoriaux de la Confrairie.
[2] GAZET. — Le P. FATOU.
[3] Cette sentence est au dépôt.

visités par Mgr l'évêque d'Arras [Mgr Jean Richardot].

En 1609, l'archevêque de Rhodes étant à Arras vint, accompagné de l'évêque d'Arras, visiter ladite chapelle et le Saint-Cierge [1].

Indulgences du pape Paul V, du 30 juillet 1609 [2].

[L'ancienne histoire de la Sainte-Chandelle est imprimée à Arras, en 1612.]

[A cette même époque, un ancien texte latin, relatif au Saint-Cierge, est renouvelé et complété. — *Voir IIe Partie* : *De sacro Cereo Attrebatensi*.]

En 1615, indulgences accordées aux chapelles de la Confrairie par Herman Ottemberg, évêque d'Arras. — [*Voir IIe Partie.*]

Lettres-patentes [3] des archiducs Albert, et de l'infante Isabelle Claire-Eugénie, pour l'aliénation de l'arrentement sur la terre de Quevigny, à effet de subvenir au payement des dettes de la Confrairie.

Augmentation considérable du Saint-Cierge, en 1623 [4].

Reconnoissances [5] des 10 et 19 octobre 1623 par les six sergens de la Gouvernance d'Arras, d'assister à cheval, aux processions du Saint-Cierge pendant les quatre jours de la fête, et de garder, aussi à cheval devant la chapelle du Préau, le Saint-Cierge aussi longtems qu'il s'y trouve exposé à la vénération des fidèles.

Règlement [6] des lieutenant-général, mayeur et éche-

---

[1] Registre et Mémoriaux de la Confrairie.
[2] Les indulgences sont au dépôt, du 12 mai 1615.
[3] Ces lettres-patentes sont au dépôt.
[4] Registre et Mémoriaux de la Confrairie.
[5] Ces reconnoissances sont au dépôt.
[6] Ce règlement est au dépôt.

vins contenant défenses de jouer à la crosse et de mettre immondices dans les environs de la chapelle sur la place, du 24 juillet 1635.

En 1636, Ferdinand, infant d'Espagne et l'infante sa sœur, entendent la messe dans la chapelle sur la place, et le Saint-Cierge allumé en leur présence et à leur réquisition [1].

Fondation d'une messe par semaine, dans la chapelle sur la place, par le sieur Adrien Deslions, par son testament du 14 aoust 1620, accepté par acte du 9 avril 1638 [2].

Fondation des quatre messes en musique, les jours de la Sainte-Vierge, par ... [3].

Capitulation de la ville d'Arras, du 12 aoust 1640. Le Saint-Cierge désigné comme la première et principalle des reliques de cette ville, en ces termes : *Que le Saint-Cierge et toutes les autres reliques de la ville ne seront transportés hors de la ville et cité.*

Le dais appartenant à la Confrairie sous lequel étoit porté le Saint-Cierge dans la procession solennelle, ayant été détruit et brisé pendant le siége d'Arras en 1640, lorsque la chapelle sur la place fut écrasée d'une bombe, celui de la paroisse de Saint-Géri fut emprunté pour la grande procession de 1641 [4].

En 1642, M. de Torcy de la Tour, gouverneur de la ville, et M. le Vayer intendant, étant à Arras, assistèrent

---

[1] Registre et Mémoriaux de la Confrairie.
[2] Les actes sont au dépôt.
[3] *Idem.*
[4] Registre et Mémoriaux de la Confrairie.

au sermon, à la messe et à la grande procession du Saint-Cierge, avec les principaux officiers de la garnison [1].

Indulgences du pape Innocent X du 18 avril 1648 [*Voir II° Partie*].

Lettres-patentes du roi Louis XIV, du mois de juillet 1648 et arrêt [2] du parlement de Paris sur icelles, du 7 septembre de la même année, pour le rétablissement en forme ronde de la chapelle sur la place, joignant la pyramide, contenant aussi permission de prendre, sur ladite place, cinq pieds de plus dans le plus fort de la largeur des deux côtés de ladite chapelle, dans lesquelles lettres et arrêt il est dit que le Saint-Cierge miraculeux est conservé depuis cinq cens quarante ans, dans la pyramide joignant ladite chapelle.

Autres lettres-patentes du roi Louis XIV, du 5 mai 1655, contenant permission à la Confrairie de prendre à rente une somme de deux mille livres pour relever ladite chapelle, et sentence [3] du Conseil d'Artois du 28 juin suivant, pour l'entérinement desdites lettres.

En 1660, augmentation considérable du Saint-Cierge [4].

En 1665, augmentation encore considérable du Saint-Cierge [5].

Fondation [6] d'un *Salve Regina* tous les samedis de chaque semaine, dans la chapelle sur la place, par damoiselle Marie Le Marchand, du 7 juillet 1663.

En 1667, cinq *Agnus* d'or, remplis des gouttes du

---

[1] Registre et mémoriaux de la Confrairie.
[2] Ces lettres-patentes et arrêt sont au dépôt.
[3] Ces lettres-patentes et sentence sont au dépôt.
[4] Registre et Mémoriaux de la Confrairie.
[5] *Idem*.
[6] Se trouve au dépôt.

Saint-Cierge pour la reine et quelques dames de sa suite, et nombre d'autres gouttes distribuées aux seigneurs et dames de la cour, le roi Louis XIV et la reine étant à Arras [1].

Sentence du Conseil d'Artois [2] du 5 juin 1683 par laquelle il a été ordonné que les prévôt et échevins de la Cité assisteront en corps à la procession du Saint-Cierge, immédiatement avant le Saint-Cierge, étant précédés par les archers et arbalétriers, les sergens de la Gouvernance demeurant aux aisles pour empêcher les désordres, et que lesdits prévôt et échevins prendront la procession, comme ils ont coutume de faire, au devant du portail de l'hôpital Saint-Jean-en-Lestré, et la conduiront, dans l'ordre susdit, jusqu'au grand portail de l'enclos du Chapitre, vis-à-vis l'Hôtel-Dieu, la reprendront au retour de la cathédrale, au portail de la rue des Morts, et la reconduiront jusqu'au pont de la Porte, entre la Ville et la Cité.

Trois sentences du Conseil d'Artois, des 18, 20 juin et 2 juillet 1683, contre les grand-bailli, officiers et sergens de la Gouvernance qui négligeoient d'assister aux processions du Saint-Cierge.

Arrêt du parlement de Paris sur l'appel de ces trois sentences, par lequel il a été ordonné que les mayeurs seroient tenus d'intimer les officiers de la Gouvernance en leur Chambre de Conseil, quelques jours avant la solemnité de la fête, d'assister aux processions et solemnités, et que les sergens, archers et arbalétriers accompa-

---

[1] Registre et Mémoriaux de la Confrairie.
[2] Cette sentence, celle ci-après et les arrêts du parlement sont au dépôt, les pièces des instances et procès.

gueroient dans la manière accoutumée : lesdits arrêts des 12 mars et 29 mai 1685.

[*Voir dans la II° Partie* la table des titres appartenant à la Confrérie de Notre-Dame-des-Ardents, et la table des noms qui y sont cités, de 1287 à 1688.]

Les comptes de la Confrairie reposant au dépôt, pour ce siècle, sont au nombre de soixante-sept, savoir : des années 1601, 1603, 1604, 1607, 1609, 1610, 1611, 1612, 1613, 1614, 1616, 1618, 1621, 1623, 1624, 1625, 1628, 1629, 1630, 1631, 1635, 1636, 1637, 1638, 1639, 1641, 1643, 1644, 1645, 1646, 1647, 1648, 1664, 1665, 1666, 1667, 1668, 1669, 1670, 1671, 1672, 1673, 1674, 1675, 1676, 1677, 1678, 1679, 1681, 1682, 1683, 1684, 1685, 1686, 1687, 1688, 1689, 1691, 1692, 1693, 1694, 1695, 1696, 1697, 1698, 1699 et 1700.

DIX-HUITIÈME SIÈCLE

ET LE 7ᵐᵉ DE L'AVÉNEMENT DU SAINT-CIERGE.

En 1715, échange des biens de Simencourt[1] et cession desdits biens par la Confrairie, au seigneur dudit lieu, moyennant une lettre de rente sur les Etats de la Province, de cinquante livres par an, au capital de quinze cens livres.

Quelques procédures en 1718[2] contre les officiers de

---

[1] Les actes concernant cet échange et la lettre de rente sont au dépôt.
[2] Ces procédures sont au dépôt.

— 85 —

la Gouvernance d'Arras, au sujet de la procession à laquelle ils négligeoient d'assister.

En..., procès-verbal [1] de la part de l'évêché et des échevins, au sujet des gouttes du Saint-Cierge, dans un flacon rempli d'eau, convertie tout en cire.

En 1734, arrentement [2] du terrein resté à la Confrairie dans le Préau, après l'établissement de la rue neuve des Ardens et des maisons de côté et d'autre, en mil cinq cent soixante-cinq. Ce terrein contenoit anciennement la salle d'assemblée de la Confrairie, et un logement assez considérable à l'usage de la Confrairie, pour les concierges, gardiens et supôts, et pour les chevaux des officiers de la Gouvernance, des sergens et de la milice bourgeoise qui gardoient le Saint-Cierge.

Tout cela étant devenu assez inutile par la translation du Saint-Cierge dans la pyramide, sur la place, en mil deux cent, avoit été depuis toujours donné à loyer au profit de la Confrairie, sauf la salle d'assemblée.

L'entretien de ces batimens étant fort frayeux pour leur vétusté et caducité [3], la Confrairie fut conseillée de donner tout ce terrein en arrentement pour son avantage, à la charge de bâtir tout ce terrein à neuf, de livrer tous les ans, pendant les cinq jours de la fête, une place pour l'assem-

---

[1] Doit se trouver à la Ville et à l'Évêché.

[2] Cet arrentement est au dépôt, avec les pièces et procès-verbaux *de commodo et incommodo*.

[3] Il falloit qu'il en coutât plus de six mille livres pour les réparations actuelles, demeurer toujours exposé à de plus grands frais encore pour l'avenir : dans ces circonstances, la Confrairie ne pouvant soutenir ces charges, les administrateurs, de concert avec le juge de police et la partie publique, après visite d'experts et informations *de commodo et incommodo*, ont cru nécessaire de prendre ce parti.

blée des mayeurs, et de payer tous les ans à la Confrairie la somme de trois cens livres, et de plus, cent livres de vin et autant à chaque changement de propriétaires.

En 1749, après la réunion de la Cité à la ville, les grand-bailli et officiers de la Gouvernance ayant demandé de pouvoir assister à la procession solennelle du Saint-Cierge à pieds, il y eut consentement de la Confrairie à ce sujet [1].

Règlement et ordonnance [2] de Mgr de Bonneguise, évêque d'Arras, au sujet de l'honoraire des messes, dans les chapelles de la Confrairie, à la requisition des mayeurs dès... mil sept cent soixante cinq.

Suspension de la cérémonie du soir [3] qui consistoit à exposer le Saint-Cierge allumé sur la place publique, pendant les cinq jours de la fête, jusqu'à ce que les tems permissent et exigeassent même de la recommencer, le tout encore à la requisition des mayeurs et sur leurs représentations adressées, tant à Mgr de Bonneguise, évêque d'Arras, qu'aux officiers de la Gouvernance.

Les comptes de la Confrairie reposant au dépôt, pour ce siècle, sont au nombre de soixante-dix, depuis compris 1701 jusques compris celui rendu en la présente année mil sept cent soixante-dix. [C'est ce compte de 1770 que nous reproduisons, comme *spécimen*, dans la *II° Partie*. Nous y joignons la liste des productions du Saint-Cierge, et celle des Auteurs anciens qui ont écrit sur ce sujet.]

[1] Registre et Mémoriaux de la Confrairie.
[2] Se trouve au dépôt.
[3] Registre et Mémoriaux de la Confrairie. — Ordonnance des officiers de la Gouvernance.

SECONDE PARTIE

RECUEIL DES CHARTES
TITRES ET PIÈCES JUSTIFICATIVES.

XIIe SIÈCLE

Chronogramme ancien donnant la date du fait :

CereVM.
1105

I.

ÉPITAPHE DE L'ÉVÊQUE LAMBERT.

1115.

Anno Domini millesimo centesimo decimo quinto XVI°. Kalend. Junii, obiit beatæ memoriæ Lambertus, hujus Atrebatensis sedis Cardinalis Episcopus. Per hunc restituta est dignitas hujus episcopatus, quæ per multa tempora Cameracensi episcopo fuerat commendata. Huic episcopo et duobus joculatoribus Itherio et Normanno beata Maria in hac Ecclesia apparuit, dans eis candelam, per quam sanantur ardentes igne malo [1].

II.

LETTRE DU PAPE GÉLASE II A ROBERT ÉVÊQUE D'ARRAS [2].

1119.

Gelasius episcopus servus servorum Dei [3] Venerabili Fratri Episcopo Atrebatensi Salutem et Apostolicam Benedictionem.

Pro parte devotorum Fratrum Iterii et Normanni, habitatorumque oppidi Atrebatensis petitio continebat quod illi et nonnulli alii Christi fideles Civitatis et villarum circumvicinarum, cupientes transitoria in æterna feliciter commercia commutare, ob singularem quam ad beatissimam Mariam reginam [4] (cujus candela ab ipsa in Ecclesia tua delata et in hospitio B. Nicolai Parochiæ S. Aultroberti nunc asservata, magna operari dignata est miracula, et operari non desinit) gerunt devotionem, aliquam carita-

---

[1] Ferry de Locre, *Chronicon belgicum*, p. 270. — Gazet, *Hist. ecclésiastique*, p. 112.
[2] *Registre Thieulaine*, fol. LX, v. — Biblioth. du Card. Sirlet, fol. 320. — P. Fatou. — Mss. du cabinet de M. Laroche.
[3] Tous les auteurs, qui ont transcrit cette Bulle du Pape Gélase II, se copiant les uns les autres, font suivre le mot *Dei* de celui de *Jesu* : il en est pourtant qui ont pris soin d'écrire ce dernier nom en caractères différents pour montrer qu'ils le croyaient ajouté au texte original par suite d'une erreur de copiste, ainsi que nous le pensons nous-même.
[4] Il est possible que le texte primitif portait *Virginem* au lieu de *Reginam*.

tem, pro suarum ac successorum animarum salute, intensis desiderant affectibus erigere : quare nobis fuit ab iis humiliter supplicatum, ut eis confraternitatem in eodem loco erigendi seu erigi faciendi licentiam concedere, et alias super hoc opportune providere de benignitate Apostolica dignaremur. Nos igitur, qui devotionis propagatione Dei cultum vigere paternis desideramus affectibus, eorum supplicatione inclinati, Fraternitati tuæ Mandamus ut de præmissis Auctoritate Nostra te diligenter informes ; et, si per informationem ita esse repereris, iisdem Iterio et Normanno, habitatoribusque dictam confraternitatem erigendi, et perpetuo retinendi plenam et liberam Auctoritatem et licentiam largiaris. Nos autem, singulis quos in ea caritate inscribi contigerit, ij. annos Indulgentiæ, Auctoritate præfata, tenore præsentium, misericorditer indulgemus. Datum Cluniaci in Galliis, anno Dominicæ incarnationis M°. C°. XIX°. Festo cathedræ S. Petri quo I°. Romæ sedit, Pontif. nostri anno I°. [1].

[1] Cette fête se célèbre le 18 janvier. —
L'authenticité de cette Bulle se trouve encore confirmée par Jaffé qui dit très-précisément que le Pape Gelase II, élu le 24 janvier 1118, arriva, vers le 14 janvier 1119, à l'abbaye de Cluny où il mourut le 29 du même mois. Par conséquent, à la date du 18 janvier 1119, il était bien encore dans la première année de son pontificat. PH. JAFFÉ. *Regesta pontif. Romanorum ab conditâ ecclesiâ ad ann. post-Chr. nat. 1198; Berlin, 1851, in-4°.*

III.

EXÉCUTION DE LA PRÉCÉDENTE COMMISSION DU PAPE GÉLASE PAR ROBERT ÉVÊQUE D'ARRAS [1].

1120.

Universis præsentes inspecturis, Robertus ecclesiæ Atrebatensis humilis Minister : Patefacimus scripta Apostolica Beatæ memoriæ Domni Gelasii II. Papæ, nobis pro parte Iterii et Normanni, incolarumque oppidi Atrebatensis præsentata, digna reverentia recepisse : quibus diligenter inspectis; visis etiam instrumentis publicis super signis et miraculis quotidie dicto loco apparentibus; recepta denique informatione super devotione populi nostræ Diœcesis ad candelam præfatam, *Quam nostris oculis a Beatissima Maria Virgine in monasterio nostro vidimus afferri D. I. et N. ut per eam sanarentur ardentes igne malo*, auctoritate apostolica nobis in hac parte commissa, memoratis Iterio, Normanno, incolisque, caritatem erigendi et perpetuo retinendi plenam et liberam formam, in Dei nomine, per præsentes largimur. Præterea, ut populus christianus ad Gloriosissimam Virginis Mariæ memoriam digne habendam copiosius aggregetur, singulis qui dictam caritatem ingredientur, decem dies indulgentiarum, auctoritate Omnipotentis Dei misericorditer elargimur. Datum Atrebati, an. D°. M°. C°. XX°. quinto Kalendas Junii, Sanctiss. D. N. Calixti II. Papæ an. ii.

[1] *Reg. Thieulaine*, fol LXI. — Biblioth. du Card. Sirlet, fol. 320, v. — P. Fatou.

IV.

CHARTE DE L'ÉVÊQUE ALVISE.
RÉCIT PRIMITIF DE L'AVÉNEMENT DU SAINT CIERGE [1].

1133.

Quidquid sub sole agitur facile de memoria deletur hominum, nisi scripto fuerit commendatum. Sed cum Regum et aliorum in terra dominantium digna videantur esse relatu et memoria, maxime Regis illius qui solus regit machinam mundi, qui sedet super cherubin et abyssos intuetur, qui celorum continet thronos et terram pugillo concludit, qui altitudinem celi et profunditatem abyssi dimensus est, qui dominatur a mari usque ad mare. Ejus profecto medici exaltare tenemur magnalia, que sub numeris comprehendi non possunt : unum tamen sub breviloquio transcurram.

Tempore igitur Lamberti sacerdotis pontificali cathedra Atrebati residentis, succrescentibus peccatis populi et negligentiis succrevit tempestas sevissima : ita quod totius civitatis Atrebati incole et totius adjacentis provincie, in ruribus, in vicis et pagis, alii timore, alii dolore affligebantur. Alius enim in ore, alius in naso, alius in aure, alius in manu, alius in pede, alius in coxa, alius in tibia,

---

[1] *Registre Thieulaine*, fol. LIII. — Mss. du cabinet de M. LAROCHE. — P. FATOU, Discours sur le St-Cierge d'Arras, p. 18. — F.-X. DEMAZIERES : 1re Partie de ce Cartulaire. — Nous ajouterons à tous ces témoignages une considération philologique très-importante, en appliquant à cette charte ce que M. le ch. Van Drival a dit de la Préface de Guimann : « Elle est toute *dans la manière* du XIIe siècle, un peu recherchée et comme *centonisée* d'Écriture-Sainte, dans ce style dont le type le plus complet est peut-être saint Bernard. »

alius in viribus, alius in posteriori parte, morbo illo horribili, qui dicitur ignis infernalis, comburebatur. Qui autem sanus superstetarat, timore affligebatur ne similis ei cruciatus accideret. Hoc ergo timore comprovincialium universitas perculsa, pars se per confessionem sacerdotibus ostendebant, baptismo renascens poenitentie; pars vero, morbo illo debilitata, ad sanctam Syon, videlicet ecclesiam Beate Marie, in civitate Atrebati, alii pede, alii vehiculo, confugiebant, ibique in lectis et grabatis et straminibus et saccis jacentes clamabant omnes promiscui sexus ad Dominum : Usquequo, Domine, oblivisceris me in finem? Alius dicebat : Usquequo avertis faciem tuam a me? Alius orabat : Domine, ne in furore tuo arguas me. Erant itaque numero septies viginti quatuor, qui omnes expectabant redemptionem et respectum Domini propitium.

Tempore illo erant Joculatores duo in diversis manentes regionibus. Alter enim erat in Brabantia, alter apud castellum Sancti Pauli in Ternoesio, sed letale inter se gerentes odium, adeo quod si alter alteri obviaret, alter alterum stricto mucrone detruncaret : alter enim alterius fratrem, diabolo suggerente et arma ministrante, occiderat.

Dum medium silentium tenerent omnia, et nox iter medium perageret, dum Brabantio ille Joculator, quarta sabbathi nocte de qua lucessit quinta sabbathi, dormiret in cubiculo, ostensa est in somnis visio, mulier scilicet candido vestita virgo decora nimis, de semine regis David, circumdata varietate virtutum, in vestitu deaurato forma flagranti et simplici. Dormis, inquit, dormis? Audi que loquor ad te. Surgens perge ad sanctam Syon atrebatensem, locum scilicet sanctissimum in quo tot laborant infirmi ad mortem, numero videlicet septies viginti quatuor. Veniens illuc providebo tibi, locum et tempus idoneum quo prestetur tibi fandi copia cum Lamberto sacerdote Atrebatensem ecclesiam procurante, visionem quam vides ordine enarrando. Adjunge etiam quod, se tertio[1], nocte sabbathi de qua lucescet prima sabbathi deambulabit per ecclesiam Beate Virginis circuiens infirmos. Cum autem primi galli cantus venerit descendet mulier de choro ejusdem vestibus vestita quibus et ego, cereum in manu deferens et cum vobis deliberans. Accepto siquidem a vobis cereo et accenso ceram supereffluentem in vasis et aquis distillantes, infirmantibus per circuitum potum propinantes, et super unius cujusque morbum effundentes; nec dubium sit vobis quotquot crediderint pristine restituentur sanitati : qui vero non crediderit de infirmitatibus ad mortem condemnabitur. Normannum siquidem vobis associabitis, illum siquidem adversus quem letale geris odium, qui die instantis sabbathi se in tua constituet presentia et facta invicem reconciliatione hunc vobis adsiscetis tertium comitem.

Finita hac visione, eadem nocte a beata virgine in eadem forma et vestitu iisdem verbis freta facta est visio super hunc alium Joculatorem in Ternoesio manentem. Cumque de somno expergefactus fuisset, ait : O qualis et quanta, quam venerabilis Dei genitricis Marie visio ! O utinam

---

[1] Au lieu de *se tertio* le Registre Thieulaine porte *setertia* EN UN SEUL MOT, ce qui constitue un barbarisme et un non-sens. On ne peut davantage écrire *se tertia* en deux mots, attendu que *se* ne saurait être le complément du verbe *neutre* DEAMBULARE, et que la nuit du samedi n'est pas la troisième, mais la septième de la semaine. Le copiste a évidemment mal lu le texte original.

ipsa duce et adjuvante reconciliationis alligaremur vinculo et dilectionis ! O utinam Deo miserante et Beata Maria semper virgine patrocinante, et me annunciante, tot infirmi pristine restituantur sanitati ! Sed de fantasticis valde mihi timeo illusionibus : prestolabor ergo usque ad tertie noctis recursum et vigilans excubabo si a deo venerit iterata visio: O'utinam veniat !

Surgit ergo mane et pergens ad ecclesiam divinorum solemnia auditurus, genibus incurvatis ante conspectum crucifixi, junctis et in altum manibus levatis cum devotione orat, ut quod in visione viderat per eum Dominus pro voluntate sua in brevi compleat.

Sequente autem nocte facta est eadem visio Beate Marie virginis eisdem personis, hoc adjuncto : nisi festinarent ejusdem cruciatus mulctarentur infirmitate.

Suscitatur autem Normannus a somno quasi in stupore et extasi positus; paratus et gladio accinctus versum Atrebatum iter festinus aggreditur, et sexta Sabbathi, suo fatigatus itinere, Atrebati pernoctavit.

Iterius etiam nihilominus, sed credo quod multo amplius quia de longinquo veniebat, Atrebatum festinavit, sed non usque ad civitatem pervenit.

Omnino igitur Sabbathi crepusculo die elucescente de lecto consurgit Normannus, pergit ad sanctam matrem ecclesiam, pro quo venerat negotium impetraturus. Salutato signo mortis dominice, et tota anteriore parte corporis sui signo crucis armata, circumspiciens infirmantium dolores et angustias, recolit quod in visione Beatam Virginem dicentem audierat : nisi festinaveris eadem angustia cruciaberis. Fusis igitur lacrymis ad Dominum, in concussione pectoris ingeminat : Deus propitius esto mihi peccatori; et iter arripiens versum domum Domni Episcopi, totum psalmum dicit sub silentio: Deus misereatur nostri (erat enim aliquantulum litteratus), et circumquaque cursitans invenit eum in oratione persistentem ante oratorium Beati Severini. Quem Normannus intuens, timens orationem ejus interrumpere, parumper appropians genua post eum incurvavit. Finita siquidem oratione, respiciens Domnus Episcopus : — Quid vis, inquit, frater ? — Pater sancte, multa habeo tibi dicere; libeat paternitati tue secreta que perfero auscultare.

Manu igitur innuens, eum Episcopus pedibus suis assidere fecit; orsus est Normannus in hunc modum. — Elucescente quinta sabbathi que ultimo nobis comparuit, in visione vidi Beatam Virginem que omnium misericordiarum mater est; injunxit mihi ut ad vestram venirem presentiam, precipiens ut instanti nocte de qua dies elucescet dominica, post primum galli cantum, te tertio, circa infirmantes deambulares, ipsa quidem pro beneplacito suo tibi cereum deliberabit accensum, de quo ceram supereffluantem in aqua cruce Domini signata effundens, et in potu et in aspersione super ulcera infirmantium propinabis, et qui de salute presenti diffidet, infra septem dies mortem incurret temporalem. Hoc igitur tue Paternitati relinquo mandatum; quod si reliqueris non factum, neque mea sit iniquitas neque peccatum. — Cumque loqui desierat, eum Episcopus in hec verba aggreditur : — Quod tibi nomen, fili mi, et unde et cujus professionis es tu? — Cui ille : — Pater mi, fidei mee responsores in baptismo me Petrum nominaverunt; deinceps adeptus sum mihi cognomen Normannus, de

Ternoesio natus, de castello quod dicitur Sancti Pauli, joculatoria professione victum acquiro. — O frater, inquit Episcopus, jocundis me pascis ambagibus.

Erubuit ergo Normannus, quia verbo suo pulsavit eum episcopus, et abscessit erubescens. Sedit in Ecclesia, condolens miseriis quas videbat.

Veniamus ad Iterium.

Iterius, qui ad duo miliaria prope Atrebatum pernoctaverat, mane festinans ad Beate Marie ecclesiam dum pulsaretur campana ad Tertiam, oratione facta ad Dominum, ingressus Curiam Domni Episcopi nullo contradicente, venit in capellam, ibique Domno Pontifice in veneratione Beate Marie Virginis celebrante solemnia, solus stetit laicus inter clericos, quousque divina celebrarentur.

Recedente autem clero progressus est Iterius, et faciem Domni Episcopi preoccupando prorupit in hec verba : — Audiat paternitas tua, Pater sancte, quid filius tuus habet tibi dicere. Quem simpliciter Episcopus intuens, et eum ad secretiores sedes capelle retrahens, inquit : — Dic, frater, si quid habes. Tunc ille : — Pater sancte, in visione vidi semel atque iterum mulierem super filias hominum habentem speciem atque decorem ; in mandatis dedit mihi ut, ista die sabbathi ad te veniens, ejus mandata tibi denuntiarem ; minas etiam subjunxit nisi festinarem : hic mortis patibulo mea cruciaretur caro, quo infirmi in vestra jacentes ecclesia cruciantur. Precepit igitur ut instanti nocte de qua dies lucescet dominica, sub duorum testimonio, meum scilicet et cujusdam alterius quem vobiscum elegeritis, per ecclesiam Beate Marie Virginis circa infirmos miserabiles deambuletis, et circa galli cantum cereum vobis deliberabit inflammatum

Ceram siquidem supereffluentem in aqua cruce signata instillans, potum universis infirmantibus tuis propinabis. Qui crediderit salvus erit; qui vero non crediderit morte presenti condemnabitur.

Cumque jam loqui desiisset, Episcopus in verba prorumpens : — Meam, inquit, simplicitatem fallaciter conatus es infatuare. Quod tibi nomen, et unde natus, et cujus conditionis es tu ? — Ille inquit : — Mihi nomen Iterius, trahens originem de Brabantie finibus, mima et cantu victum acquiro. — Cui Episcopus : — Invicem locuti estis, tu et ille qui prior mecum fabulavit. Vobis nec possum credere, nec acquiescere : meam enim, ut mihi visum est, laboratis decipere ignorantiam. — Quomodo, inquit Iterius, interdicis vicissitudinem ? — Cui episcopus : — Venit ad me quidam conditionis tue Normannus cognomine, et iisdem quibus locutus es sermonibus mecum fabulavit, quibus nequaquam possum acquiescere. — O utinam ! inquit Iterius, si Normannum videro, viscera illius gladio bicipiti perforabo, quia fratri meo mortis occasio fuit !

Quod audiens Episcopus, intra se cogitavit quod a Deo venerat visio, que et duorum inimicorum esset reconciliatio, et tot infirmantium salus, et Deo multimoda gratiarum actio. Primum igitur cogitans de reconciliatione agens in hec verba prorupit : — Fili mi, si odium in corde retinueris opus Dei agere non poteris, juxta illud evangelicum : si offers munus tuum ante altare et ibi recordatus fueris quod frater tuus habet aliquid adversum te, relinque ibi munus tuum et vade reconciliari fratri tuo, et tunc veniens offeres munus tuum. Oportet te fratri tuo reconciliari et quietum in pace vivere, ait enim

Dominus Jesus : Pacem et veritatem diligite, ipse Deus est pax, ipse est veritas, ipse est via. Ait enim : Ego sum via et veritas; diligo inimicum, quia Deus veritas est, et qui manet in caritate in Deo manet, et Deus in eo. Charitas extenditur usque ad inimicum. Scriptum est : Amicum dilige in Deo, et inimicum propter Deum. Charitas operit multitudinem peccatorum : nulla virtus perfecta sine charitate. Ait enim Paulus : si distribuero in cibos pauperum omnes facultates meas, charitatem autem non habeam, nihil mihi prodest. Et Dominus ait in Evangelio : si non remiseritis unusquisque fratri suo, neque ego remittam vobis. Fili mi, opus charitatis incœpisti, opus charitatis perfice. Omnia opera tua cum charitate fiant : oportet te reconciliari fratri tuo : ipse te in charitate confirmet, qui te fecit ad imaginem et similitudinem suam !

Post hujusmodi exhortationes, Iterius provolutus ad pedes domni Episcopi pedes illius deosculatur; promittit se facturum quidquid de reconciliatione constituerit. Circumspiciens igitur Episcopus, suum vocavit secretarium, precipiens illi ut per ecclesiam circumspiceret, si forte alicubi viderit hominem qui ante misse solemnia locutus fuerit cum eo, et ut paratius eum inveniat, Normannum vociferando cursitet.

Ex mandato domni Episcopi accelerat secretarius, et introiens ecclesiam Normannum vociferat. Cui Normannus inquit : — Normannus ego sum : quid tibi? Cui secretarius : — Si Normannus, inquit, es qui ante misse solemnia cum domno Episcopo locutus fueras, ad eum quam citius redeas.

Venit igitur, et in capellam a secretario intronizatur.

Invenit domnum Episcopum cum Iterio de reconciliatione agentem, et cum a dextris sederet Iterius, in cujus mente et animo totum erat mortificatum odium, et charitas, non per scintillas, sed per ignem flammantem ardebat; Normannus a sinistris secus pedes Domni dubitanter resedit. Cui inquit episcopus : — Fili, virtus nulla, bonum nullum ad perfectionem ducitur, nisi et se comitem charitas prestiterit et producem. Charitas et odium ita invicem sunt contraria sicut albedo et nigredo. Est igitur odium quedam inimica rabies, omnium malorum irritativa. Charitas est primum et maximum mandatum Domini, et virtus omnium bonarum actionum irritativa. Maximum Domini mandatum est : Diliges Dominum Deum tuum ex toto corde tuo, et ex tota anima tua, et ex totis viribus tuis, et proximum tuum sicut teipsum. Extenditur etiam ista dilectio, sicut mandatum latum nimis, usque ad inimicum. Precepit enim diligere inimicum in Deum, sicut misericors et miserator misertus est Marie Magdalene, misertus est in cruce latronis. Fili mi, passus est Christus vobis relinquens exemplum, ut sequamini vestigia ejus. Oravit pro persequentibus eum ut non perirent. Orate ergo ad invicem ut salvemini. Filioli mei, a Deo vocati estis ut benedictionem hereditate possideatis : vocavit vos Beata Virgo ad unum opus misericordie, scilicet ad visitandos infirmos. Ne, suggestione diabolica prepediente, aufferat vobis Dominus Spiritum sanctum : non enim in malevolam animam requiescet Spiritus sanctus.

Post hujusmodi charitativas exhortationes, Normannus, flexis genibus, junctis manibus, domni Episcopi paternitatem corde ac lacrymis uberius profluentibus, humiliter implorat ut inimicitias Iterii in dilectionem convertat, et quidquid de pacis confoederatione mandaverit se facturum diligenter promittit.

Surgens igitur domnus Episcopus : — date, inquit, invicem osculum pacis, et instans vobis injunctum agentes negotium, vigilias noctis in oratione custodite ; ut ipse qui unus est in Deitate et Trinus in Personis existit, trino famulantium servitio, infirmis in ecclesia jacentibus sanitatem restituat.

Assurgentes igitur invicem duo illi Joculatores, deposito totius odii contagio, osculo reconciliationis per exhortationem domni Episcopi confoederati sunt; et, indicto iis jejunio in pane et aqua, horum refectionis circa horam nonam in mensa domni Episcopi simul sunt epulati, et deinceps ecclesiam introeuntes, in oratione persistendo, occasum solis et vesperium prestolaverunt.

Sed cum omnino sol declinans, urgente mundi vespere per totam terre faciem tenebras obduxisset, ipsis tribus corde contrito, spiritu humiliato orationi precise vacantibus, in primo galli cantu, Virgo illa mater Domini, mater misericordiarum, mater totius consolationis, deviatorum ad viam revocatrix, stella maris, portus salutis, spes venie, cereum igne divino succensum in manu deferens de choro : Vos, inquit, qui mima joculatis adeste, presentes hoc unum memoriale in perpetuum reservandum vobis delibero. Quisquis contagio infirmitatis illius que dicitur ignis infernalis fuerit contaminatus, cerei ceram superefluentem in aqua distillet, et lesura ignis aqua aspergatur, cito extinguetur. Qui crediderit salvus erit; qui vero non crediderit, morte presenti condemnabitur. — Hoc autem dicto tenues vanescit in auras.

Susceptum igitur cereum cum diligentia et reverentia, ob venerationem Beate Virginis deliberaverunt domno Episcopo, quatenus de eo quod audierant et viderant ipsius agerent consilio. Quibus ait Episcopus : — quia vobis divinitus datus est, utinam me vobis associare dignemini ! Et quod me vobis socium adsiscitis, non meis meritis, sed divine gratie et vestre hic imputare non desisto.

Deosculantes ergo se in fraterna vicissitudine joculatores et Episcopus, tribus vasculis aquam suscipientes, cereumque divinitus datum in aquam suffundentes, tribus ordinibus incedendo, infirmis potum propinaverunt, in lesuris et ulceribus aquam benedictam super effundentes, huic igitur labori et studio diligenti, tam de nocte in qua erant, quam in sequenti die usque ad horam tertiam, cum Dei patrocinio insudaverunt. Cumque uni et ultimo sicut aliis potum salutis porrigerent, ait infirmus : — Numquid est aqua vel vinum ? — Aqua est, inquiunt. — Et ille : — Potior est salus in vino quam in aqua, quoniam vinum letificare solet animam meam. — At illi : — communis letitie et salutis participationem obtineat anima tua, ut glorificetur Filius Dei in te. Accipe, inquit Episcopus, fili, communem potum fraternitatis : communem salutem habeas cum eis; quoniam in eadem fide cum eis in baptismo regeneratus es, et ad idem venisti salutis refugium. — Potavit siquidem, non ad salutis corporee augmentationem, sed magis ad mortis momentanee infestinationem, quia in momento expirans viam universe carnis ingressus est.

Hoc igitur expleto, salutifere potionis officio et omnibus que in mandato Joculatoribus injunxeral Beata Virgo;

ipsi tres, domnus Episcopus et duo Joculatores, per infirmos redierunt, ut viderent Dei magnalia, quibus glorificaretur in Sancta Syon Atrebatensi Beata Virgo Maria. Alii clamabant cum David : — Cantate Domino canticum novum, quia mirabilia fecit. — Alii : — Notum fecit Dominus salutare suum. — Alii : — Jubilate Deo, omnis terra, psalmum dicite nomini ejus. — Alii cantabant cum Zacharia : — Benedictus Dominus Deus Israel, quia visitavit et fecit redemptionem plebis suæ. — Et quid vobis dicerem per singula? Quot erant lingue convalescentium, tot erant glorificationes Deo per Monasterium.

Jam erat fere hora diei tertia, et clerus et populus civitatis convenerant in ecclesia, ut audirent ex consuetudine per diem dominicam misse celebria. Domnus Episcopus, relicto cereo in manibus Joculatorum, in introitu Chori exultans et Deum laudans, inchoavit voce magna *Te Deum laudamus*, et chorus laudes inchoatus subsequentes introivit.

Sanati sunt in die illa, Beata Virgine propitiante, et Deo cooperante, infirmi numero septies viginti et tres. Erant septies viginti et quatuor; sed unus neque credidit neque convaluit; et ob venerationem Beate Virginis et Dei miraculose actionis, reservatus est cereus ille datus per manum Beate Marie Virginis, per successores joculatorum, in civitate Atrebatensi, usque in hodiernum diem; et per eum in infirmis frequenter operatur Dei miseratio.

Ob cujus miraculi memoriam, Joculatores constituerunt confratriam, que aliquando per paucos detenta est confratres. Sed nunc, his nostris temporibus, associatis sibi venerabilibus viris et mulieribus civitatis, et aliis nobilibus cleris scilicet et militibus, orationes et beneficia et pauperum sustentationes augmentantur. Cujus confratrie et charitatis he sunt consuetudines.

Nulli hominum, dum salvus est, permissum est intrare charitatem, nisi quinta feria vel sexta instanti post octavas Pentecostes; nec etiam pro maxima pecunie summa. Qui vero dicto termino, sive vir sive mulier, charitatem intraverit, per interpositionem fidei consuetudines et jura charitatis pro posse suo se prosequi confirmabit. Et dum duodecim confratribus vel sororibus constabit charitas, se prout melius poterit tredecimum faciat, et sex denarios et obolum in introitu charitatis persolvet. Si vero vir sine uxore, aut uxor sine viro, charitatem intraverit, alter alteram, vel altera alterum, sibi in charitate pacificabit, et faciet confratrem vel consororem, salvo jure charitatis, quandocumque voluerit, in presentia Majoris et Scabinorum.

V.

STATUTS PRIMITIFS DE LA CONFRÉRIE DE N.-D. DES ARDENTS.

1194 [1].

[C]este carité tient on de Deu et de me dame Sainte Marie. Et savés por coi ele fu estorée : por les ardans

---

[1] Manuscrit n° 8541 de la Bibliothèque nationale. — M. Guesnon, le savant professeur de Lille, s'est contenté d'attribuer au XII° siècle le commencement de ce précieux document qu'il a publié le premier. Voici les motifs qui nous autorisent, selon nous, à préciser davantage encore l'époque de sa rédaction.

Ce manuscrit en parchemin comprend 50 feuillets dont les 45 premiers contiennent la nomenclature de toutes les personnes qui ont été qui ardoient del fu d'infer. Ele ne fu mie establie por lécherie ne por folie. Ains i fist Dex tels miracles que le jor qu'ele fu estorée ardoient VII· XX· et· IIII ardant en le cité d'Arras. Et puis que en le carité esf entrés li confrère, ja puis ne il, ne ses enfès que il ait, n'ardera

reçues dans la Confrérie *depuis l'année 1194*, ainsi que l'indique son intitulé : « *Ces papiers fu fais en lan de lincarnation M. C. et IIII*^{xx} *et XIIII. el mois de* [*mai*]. » Cette liste de noms a été continuée pendant les XIIIe, XIVe et XVe siècles (les variations successives de l'écriture ne laissent aucun doute à cet égard). Les noms, au nombre de plus de *onze mille*, sont rangés sur trois colonnes coupées irrégulièrement par l'une de ces trois indications qui se succèdent dans un ordre invariable : *Potus in Pentecoste, Potus in festo Sti Remigii, Potus in Purificatione*. Ces formules nous rappellent les trois solennités pendant lesquelles avaient lieu les réceptions des nouveaux confrères auxquels on faisait boire, comme nous l'avons dit, de l'eau mélangée de quelques gouttes du Saint-Cierge. On trouve en effet cette mention en tête du manuscrit : « *Se voit icy en quelles solennitez on bénissoit l'eau ou se couloit le Sainct Chierge, comenchant en l'an 1194.* »

Les feuillets 46, 47, 48 et 49 du manuscrit nous donnent les Statuts de la Confrérie. Il est d'abord absolument certain que ce Règlement n'a pas été rédigé en même temps que les pages précédentes où se lisent les noms des confrères reçus pendant le XVe siècle ; car, suivant la remarque très-judicieuse de M. Fournier, de Paris, ce Règlement est une collection de décisions prises successivement par l'Association, décisions qui furent copiées les unes à la suite des autres par le secrétaire chargé des registres de la Confrérie : ceci est tellement vrai que certaines de ces dispositions portent elles-mêmes des dates différentes (1224, 1338, 1383). De plus M. Guesnon a eu soin, comme nous, de mettre en lettres italiques, à la fin du premier paragraphe, les noms des Évêques Raoul et Ponce, qui sont écrits en encre plus noire que le reste, ce qui indique que les Statuts primitifs avaient été rédigés sous l'épiscopat de l'Évêque Pierre Ier (1184-1203). Il nous paraît donc démontré que la rédaction de ces Statuts a été commencée en même temps que la liste des Confrères, c'est-à-dire en 1194 ; et lorsqu'en 1224 on fit une première Addition à ces Règlements, le rédacteur crut devoir ajouter à la série des évêques déjà cités, le nom de Raoul et celui de Ponce qui gouvernait l'église d'Arras à cette époque. La même main a pu parfaitement faire cette addition, ce qui explique encore la similitude de l'écriture, puisqu'il n'y a qu'un intervalle de trente ans entre la première et la seconde partie de ces Statuts.

del fu d'infer, ne ne morra de mort soubite, s'il foi et créance i a. Et trestot li confrère et les consereurs sont es biens fais de li glise me dame Sainte Marie, es messes et es matines, et en toutes les ores qui dites i sont : si qu'il le recurent del vesque Lambert, et après del vesque Robert, et après del vesque Auvis, et après del vesq(sic) Godescal, et après del vesque Andriu, et après del vesque Frumaut, et après del vesque Pieron, *et del vesque Raoul, et del vesque Ponçon.*

Se confrère u consuer muert, tels con li luminaires iert al mostier après le service del cors, li carités doit avoir le moitié.

Se confrère u consereur i a, qui tant soit poures qu'il ne puist maintenir le carité, on le doit tenir en le carité par s'aumosne au siè[ge] ; et s'il muert en le cité, on le convéera del catel de le maison, por que si poures soit que convéer ne se puist ; et s'il muert dedens X· lues, on le convéera del catel de le maison, se il le laisse savoir al maieur et aschevins, por que si poures soit que convéer ne se puist.

Se li chiés entre en le carité, par XIII· d· i entre ; et se li demis chiés i entre, soit hom u feme, par VI· d obole i entre.

Tot cil qui le catel de le maison retenront, puis que semons en ièrent del maieur et des eschievins, s'il puis le retient, se par le maieur et par les eschievins n'est, escumeniés est del cel jor en avant, de si q'il ara paié, et venus iert à merci.

Cesto carités est estorée des jogleors, et li jogleor en sont signor. Et cil cui il i metent si est, et cui il metent hors, n'i puet estre, se par els non : car sor jogleors n'i a nus signorie.

Qant li carités siet, li maires doit avoir demi sestier, li clerc cascuns ·I· lot, li echievin chascuns ·I· lot por ·I· d.

De cesto carité est maire cil cui li confrère i vuelent esgarder ; et, cui que on i esgarde, estre li covient ·I· an.

Nostre ancissor ont esgardé por le miels que il sorent que on ne rechoive en le charité ne home ne feme de saine vie por nul avoir, s'a le beuée non qui est après le josdi après le clos cinquesme, et le veresdi autressi, *et le samedi*. Et cil et cele qui donc i enterra, il flancera par foi que les costumes de le carité tenra et porsiura à son pooir ; et tant com il en i aura XII., qu'il iert tresimes ; et li seus hom et li seule feme donra VI· d· et O^b à l'entrer en le charité.

Mais se li hom i entre sans se feme, u li feme i entre sans son baron, li uns i puet l'autre metre quant bons li iert, devant maieurs et devant eschievins, salve le droiture de le charité, ce est q'il la flera à tenir et à porsuir les costumes à son pooir, s'il requiert le carité à sen plé.

Et se nus est entechiés de tel mal c'on apele fu, luesque li maire orra le message, li quels que ce soit, il doit avoir II eschievins et plus qu'il viegnent avuec lui, et por andeus les clés envoier dont li candoile est enfremée ; et li maire des jogleors, s'il i est, doit prendre le

sainte candoile, et porter [al] malade dedens le cité, et
alumer ; et, s'on ne trueve le maieur des jogleors, on
qière un de ses [compaignons] u eschievins ; et en un
vaissel plain d'iaue dégouter, et de cel eue sor son ma-
lage espardre, et del remanant boire, et fermement
croire en Deu que par çou iert garis.

Et bien sachiés k'à ceste besoigne doivent li doi maieur a coire, s'il le sevent, et s'il n'ont essoine grant, car
il ont les clés del saint luminaire.

Et se li eschievins que li maire i apelera n'i vient, se
loial essoine n'a, il est à forfait de VIII· d· ; et li uns
eschievins puet semonre l'autre à ceste besoigne sor.
VIII. d· ; et se li maire n'i vient, et loial essoine n'a, il
est à forfait de XVI· d· ; et quicunques port le candoile,
se maior n'i a, doner puet congié.

Et si est à savoir que li jogleor n'en puent nului oster,
ne autres, se ce n'est par le commum plait.

[O]n n'en puet le cors porter à mains de XX eschievins,
se ce n'est par loial essoine ; et si ert li première messe
chantée de le parroisse là u li cors girra, se ce n'est par
l'atirement des XX eschevins, qui le cors en porteront ;
et li autre eschievin viegnent après por veir c'on a
atiré ; et s'il ne vient dedens l'asise, li forfait est de VIII.
d· cascuns.

Et qui ne verra le cors jeter hors de le maison, il est
à VIII. d. de forfait ; et se li maieur vienent aussi tart

qu'il ne voient jeter le cors hors de le maison, à XVI. d. est chascuns de forfait.

Si le crois de carité passe, il doit· IIII· d· de forfait.

Qui par autre voie va que par celi là on porte le cors al mostier, il doit de forfait ·VIII· d.

Qui aillors va oïr messe q'al cors ; il doit ·VIII· d. ; car tot doivent ester u séir entor le cors pour faire le cors honeur, et estre entor le cors tant q'il soit enfois, et que les peles soient mises jus, fors cels que li maires apelera avuec lui as tables, *se tant [non que li of]frande dure.*

Qui que porte le cors al mostier, il ne le puet laissier ne metre jus, s'il n'a loial essoine, et autre eschievins ne le prent ; et à cui que li sergant commandent qu'il portent le cors, s'il ne le porte, a ·VIII· d· est.

Li eschievins qui à patins va, ne à cheval va al cors, puis le jor de le feste Saint Remi, qui est après Aoust, dusc'al jor de le Pasche, il est à ·VIII· d· de forfait, *et de çou ne peut maires doner congié.*

[U]ns joglere et troi borgois doivent séir as tables à l'escrit faire al cors, et uns des borgois qi à cel cors siet redoit séir à l'autre cors, por savoir et dire as autres le conte le maieur et les clers et les sergans ; ne departir ne se doivent de ci que li maire aura fait ses tables buller ; *et li troi qi là ont sis doivent al premier cors après estre, et garder le tables dusques al mostier, sor .VIII. d.*

[C]e sachent li maieur et li eschievin de le carité Nostre Dame des jogleors et des borgois, *ke li jogleor et li borgois doivent eslire lor maieur devant le jor del siège*, et qui maire a esté I an, dusc'al tierc ne puet estre maire.

Al jor del grant siège, doit li maire des jogleors forains prendre le candoile à le tor et porter devant Saint Juri à le table ; et d'iluec le doit porter à le porcession dusc'à le flert ; illoc le doit prendre li maire des jogleors d'Arras, et porter à le maison Nostre Dame, *et par mi tout l'an aussi*.

Cil[1] à cui li maire kerke se bulle ne puet doner ke ·XII· d.

Al jor del grant sie, doivent li jogleor forain prendre ·VIII· preudomes des leur, et cil dedens ·IIII· ; et cil ·XII· doivent eslire les .II. maieurs des jogleors ; et cil cui il esgarderont ne pueent refuser le mairie ; et çou concordèrent li jogleor ensamble communément. *Et doit estre li uns des maieurs forains l'une anée à pié et l'autre anée à cheval* [2].

---

[1] Un changement d'écriture dans le manuscrit prouve que les deux paragraphes suivants n'ont pas été rédigés en même temps que ce qui précède.

[2] Un nouveau changement d'écriture indique que ce qui suit appartient à la partie des Statuts rédigés en 1224.

XIII° SIECLE.

VI.

ADDITIONS AUX STATUTS DE LA CONFRÉRIE.

1224.

On ne paie por nului mortemain se mortemain ne paie de cascun cors ·O^b·, u por borgois qi ait rente donée, u por jogleor, u por se feme qi maigne deuens le vile à estage.

Li caritaule ont estoré [qu'on ne] doit aler à cors plus loi[n]g que dusqu'al cief de Brones, et al pié de Baudimont par de là, et en le poroise Sainte-Caterine, et tot Mellens, desci al mes Wautier d'Arras, et desci al pont de Blangi, et desci al Petit-Val, et desci à le tor de Harcicort.

Item. Dedens ces bosnes ne puet on nului reçoivre s'ascostumes de le vile non; et se nus i moroit dedens ces bousnes aler i doit on, et dedens ces bousnes doit on porter le candoile.

Item. Totes les semousses que li maior font faire par lor serjant u par alcun eschievin, si viegne dedens l'eure c'on le semont sor .VIII. d. de forfait.

Item. Ki fait somonse sans cougié de maieur à ·VIII· d. est.

Item. Se li serjant ne semonent tos q'il ont à semonre as besoignes de le carité, VIII· d· doit cascuns.

Item. Si doit cascuns serjans avoir ·XII. d. de semonre le cors, et s'il en semont dex ensamble, XVIII·d· cascuns, et IIII·d. cascuns del plait semonre.

Item. Se li clerc ne vienent à le somouse que li serjant font, à .VIII· d· est cascuns.

On doit cascun de dex clers ·IIII. d. de l'escrit faire, et ·IIII· d. del lire le saltier, et IIII. d. por celui ki aie à lire por l'ame del cors, et ·IIII· d. del plait, s'il i sont.

On doit de l'estofe porter ·IIII· d. del luisel et ·VI· d. des ·IIII· candelers, et ·IIII. d. des ·IIII· petis, et des candelles et des peles porter · VI· d., et de l'estandart ·I· d., et des taules porter ·I· d., et de l'encenser · I· d·, et des bans metre ·II· d. et de metre [le cors en le fosse ·VI·d·, et de le fosse faire ·IIII· d.

Item. Se cors chiet nillors q'en cité on rabat ·II· d. por les bans; et s'il i a altre carité on rabat ·II·d. de le fosse.

Item. Se li maior et li eschievin vont entor, li doi clerc et li doi semoneres cascuns doit avoir ·XII· d., s'il i est.

Item. Quant li maior kerkent lor boles, il remainent eschievin.

Savales li candeliers doit faire le luminarle por ·VII· s. par an, et cuites de ses mortes mains; et ço li paie on al grant siège.

On ne doit nului vin as bouées, se cels non ki vienent as cors et paient forfais:

Item. Se moines ciet à St-Veast, li serjans doit avoir demie semonse.

Ce fu atiré en plain plait ke puis ke li hom est entrés en le carité as us et as costumes de le ville, u qu'il voist, u qu'il viegne, paier doit se carité comme borgois, tant com eschevin le tenront à borgois de le vile. Ce fut fait l'an del Incarnation M·et·CC·et·XXIIII· el mois de novembre.

Ce sacent li maieur et li eschevin de le carité Nostre Dame ke tot cil ki eschevin sont de le carité ne pueent iscir de l'eskevinage, tant ke il doivent deniers d'aboutement, s'il ne le paie et about à eschevin ki soffizans soit del rendre; et se il ne le fait, il va contre se carité et contre se flance.

Ce fu atiré en plain plait ke nus eschievin ne puet avoir respit se . . . . arité au plait ki est après le grant siège, et au plait ki est après le bouée de le St-Remi, et au premier plait lendemain de le Candelor, et au plait .it d. s . . . maieur.

Et si fu atiré en plain plait ke on ne puet prendre

eschevin de mal aboutement tant com il doivent leur mortemains de plus ke d'un an . . . . . , . .
. . . . ,

On a atiré en plain plait ke se cors eskiet en le carité, soit hom soit feme, paier doivent leur morte main por l'un et por l'autre, se souflzans est del paier.

Et si fu atiré c'on ne puet donner en .I. l..... au plait plus haut de ·XX· s.

Et si est à savoir, se li eschevins n'est à *Sanctus*, il est à forfait de ·VIII· d.

Et se li eschevins ne vient dedens prime sonants au plait, il doit ·VIII· d. de forfait.

Il fu atiré en plain plait ke se cors d'eschevin escheoit avoec cors de confrère et de consereur, tout li eschevin doivent aler au cors del eschevin sans nus respit.

Nus eschievins ki doit séir as taules ne puet avoir respit s'il ne met autre eschevin en sen liu.

Sacent li maieur et li eschevin de le carité Nostre Dame des argans [1] ke li jogleor doivent eslire leur maieur le devenres après le jour del grant siège ; et ki maires ara esté cel an, il ne le puet estre dusqu'à l'an après, ne dedens, ne dehors.

Il fu atiré en plain plait ke nus n'eust merel à le donée des nates, s'il ne manoit dedens les bounes [2].

[1] Ardans.
[2] Manuscrit dejà cité, n° 8541 de la Biblioth. nat. —

VII.

CHARTE DE L'ÉVÊQUE ASSON
renouvelant la Charte d'Alvise.

1241.

L'Évêque Asson reproduit le texte de la Charte primitive ; c'est ce qui résulte explicitement du *Vidimus* de 1482 que nous publierons plus loin et qui contient cet acte de reconnaissance : *Datum hujus* TRANSCRIPTI *anno Domini millesimo CC° XL° primo, mense maio.* Donc, au mois de mai 1241, Asson n'a fait que TRANSCRIRE ou copier la Charte qu'Alvise avait rédigée en 1133. Cette interprétation est corroborée par la Chronique de M. Desmazières, dans notre Iʳᵉ Partie. Enfin, le Registre Thieulaine, fol. LII, v., porte en marge cette note : « En un grand sac, y a lettres de l'an 1241, *mense maio*, de l'advènement de la dicte Ste-Chandeille commenchant : *Quidquid sub sole agitur*, lesquelles lettres sont incorporées en ces présentes. »

VIII.

FORMULE DE RÉCEPTION
dans la Confrérie de N.-D. des Ardents.

1241.

« Monsieur, demandez-vous d'estre en la Confrérie et Société de Nostre-Dame des Ardantz ? Vous promettez sur vostre foy de garder les coustumes et façons de faire d'icelle Carité, et tant qu'il y aura seullement douze confreres et consoeurs, vous vous maintiendrez pour le XIII° en paiant treize deniers à vostre entrée, et ainsy par chacun an a tousiours en la présence des Maieurs et Chanteurs » [1].

IX.

LETTRE COMENDATOIRE DU MAIEUR DES ARDENTZ

à l'hospital des pauvres Clercs, Arras.

1248.

Universis Christi fidelibus ad quos presens scriptum pervenerit, Maior Charitatis beatæ Mariæ Ardentium in Atrebato, salutem in Domino. Universitatis vestre preces porrigimus affectuosas pro latore presentium nunc copauperis hospitalis sancti Jacobi quod situm est ante sanctum Aubertum in Atrebato, in quo pauperibus clericis et maxime scholaribus tàm extraneis quàm privatis et peregrinis et aliis Christi fidelibus de diversis partibus confluentes penuriam hospitii atque refectionis patientibus caritatim ibidem recipientur et omnia opera misericordiæ ministrantur. — Omnium ergo missarum et eleemosinarum quæ fient de cetero et fiunt in caritate beatæ Mariæ Ardentium, qui suas elemosinas ad sustentationem pauperum contulerint predictorum, eisdem

---

[1] Reg. Thieulaine, fol. I, v.

Ainsi que l'observe fort justement M. de Linas, il est évident que les termes de cette formule ont été rajeunis; mais si la forme s'est prêtée aux progrès du langage, le fonds est resté le même.

benefactoribus participationem concedimus. Datum anno Domini M° CC° XLVIII° Mense Junio. Maior et Scabini Confrariæ Ardentium, omnibus benefactoribus hospitalis sancti Jacobi juxtà sanctum Aubertum in Atrebato, participationem omnium bonorum quæ fiunt et de cætero fient in Confrariâ suâ, concedunt.

Ces lettres sont scellées d'un scel de cire verde où sont imprimées les figures de deux homes jouans du violon et escriture allentour [1].

X.

DONATION D'ADAM LE SAUVAGE.

1250.

Lettres en latin commenchans : *Ego Ægidius miles*, en l'an mil IIe. L, au mois d'avril, dont y a copie en françois y joincte et au Chartulaire en parchemin, fol. XX, autre translat contenans Adam de Bapalme et Liegart se feme (lesquelz par autres Lettres de l'an 1248, après le sainct Andrien avoient donné à Emmelinan, sœur dudit Adam, ce que s'enssuit) avoir donné à la dite Emmelinan XXXI mencaudées de terre au terroir de Lagnicourt, tenues du s[r] de Beaumetz et tout le terrage dudict terroir, à la charge qu'elle en establiroit deux hospitaux Arras, l'un au proufflct des pauvres escholiers et *l'autre au prouffit des malades Ardentz recenz en ceste carité*. Et la dicte Emmeline pour faire le dict hospital des Ardantz donne douze mencaudées de terre au terroir de Haumecourt au

[1] Reg. Thieulaine, fol. 96 r.

lieu nomé le *Sart as gales*, et quatre mencaudées scituées au lieu nomé le *Sentier Benoît* ou lieu que on dict Roingnicourt avec les terrages d'icelles ad faire ledit hospital.

Lettres de Gille, chevalier chastelain de Bapalme, des ditz mois et an, contenans aggréation de la dite donation par ceux y dénomez.

Lettres de saisine des eschevins de Beaumetz des ditz mois et an, des dites XVI mencaudées de terre à Adam le Sauvage, maieur de la dicte Carité, asscavoir douze et quatre mencaudées [1].

XI.

RÉGLEMENT DE LA CONFRÉRIE [2].

XIIIᵉ siècle.

Chest li ordenanche des drois que chil qui chi apres sensient ont a le carite au siege et ensement che que on doit faire.

Premiers

Li maires vies et li nouviaus des bourgois ont de leur droit le nuit de le trinite chascun I harnas de boef.

Item li II eschevis de le carite qui sont commis as boes ont cascuns I harnas de boef, et se il non y avoit tant si le doit querir li carites a son coust, et doit on tuer les boes de lo carite le nuit de le trinite apres diner et

---

[1] Reg. Thieulaine, fol. CXX, r.
[2] Manuscrit des Archives de l'Évêché d'Arras, provenant de l'ancienne Confrérie (n° 239) et formant un cahier de 8 feuilles de parchemin gr. in-4°, grosse minuscule du XIIIᵉ siècle, longues lignes.
Cette pièce a été éditée pour la première fois par M. de Linas.

doivent li hainieur sakier liane et aporter en le cuisine.

Item le dimanche iour de le trinite doit on depechier les boes apres disner et saler, se i doivent estre li doy maieur ou li uns au mains et li doy qui sont commis as boes et doivent savoir le compte des pieches et les boie, li clers de le carite si fait que li bouchier les depechent et si le meit on en sel et en doit on envoier au baillieu darras I bel larde.

Item li III menestrel qui sont maieur de deus a leur tour ont cascuns de leur droit pour leur office I miustel de boef, et se ont li doy qui sont rewars de le madio pour ledit eswart cascuns I miustel de boef.

Item Pierres Choquars et les III femmes de leswart ont cascuns pour le dit eswart I miustel de boef.

Item Jehans Biaubles, Pierres Choquars et li clers de le carite ont cascuns pour leur offices, cascuns I miustel de boef, et se li carites ne tue tant de boes que pour cascun avoir sen droit si le doit li carites acatter a son coust, et li IIII petit sergant ont IIII ioes de boes.

Item on vent le flen et les cuirs au pourfit de le carite.

Item le mardi apres disner doivent estre le maieur en salle et faire les meriaus.

Item li maires des menestreurs de dehors quant il est a piet doit avoir le merkedi au vespre quant il est venus pour sen souper, XII los du vin de le carite et LX pains et les y portent li petit sergant et li grant sergant font le present de le carite, et sanlaulement le fait on a chelui a queval se plus grant grace ne li voulait on faire, lequelle cose est asses acoustumee a faire.

Item li menestrel doivent renvoier a le mainnie nostre dame, IIII los de vin, XII pains et de leur cuisine lau il souppent enssaule.

Item le ioedi au matin li doy trompeur et nuch li wardes doivent esvillier les maieurs des bourgois et le maieur des menestreus de dehors, et aussi le grant sergant qui demeure as vielles et se doivent tout assauler a le tour ; et doit on apporter le iouel au prauel.

Item li iouaus doit estre en le cappellete du prauel iusques a tant que li sains sacremens est portes et rentres ens par tout, et puis doit estre li baillieu darras et li sergant a cheval et li clers monte et arme bien et souflsaument pour warder le iouel et conduire et raconduire en alant et venant a nostre dame en chite, et porte on a nostre dame II candelles de chire du pois de L livres et les y laist on.

Item quant li iouaus est rapportes on le met en le salle en laumaire et lenfrume on tant que on ha disne et met on I chierge de I quarteron de chire qui art toudis devant le iouel tant que on disne.

Item tantost que on a disne li maieur des bourgois vont en salle querre le maieurs des iongleurs et rapportent le iouel en le dicte capellete et demeure la iusques au vespre, et sont tout le jour li maieur des bourgois a la recepte et leur doit li clers de le carite livrer tant de clers que il ni ait nulle deffaute.

Item il est acoustumet que li grans sergans des vielles va par devers monseigneur labbe de Saint-Vaast quant il set que il est assis au disner et fait porter apres lui par I petit sergant et I autre varlet, II pieches de char de boef, IIII pains et II los de vin et li presente de par les maieurs et le carite.

Item on envoie par grace au cure de la magdeleinne I lot de vin, II pains, une pieche de char et le moitie dun oison, pour che que par grace il nous laist avoir a son moustier autel drois as corps que nous avons as autres moustiers, ia soit che que li moustiers soit exens de levesque.

Item li baillieus darras a de son droit IIII pieches de char, II oisons, XII pains et IIII los de vin et sanlaulement le venredi et le samedi le pain et le vin et IIII pieches de pisson, et IIII tartes cascun iour et si doit avoir X livres.

Item li clers le baillieu doit avoir II los de vin, VI pains, II pieches de char, I oison, et le samedi tel pain et tel vin, II pieches de pisson et II tartes cascun iour et si doit avoir XVI sols.

Item li VI sergans a cheval doivent avoir XII los de vin, XXIIII pains, VI pieches de char et III oisons et sanlaulement le venredi et le samedi le pain et le vin et VI escuelles de pisson et VI tartes et si ont cascuns XX sols de tournois et pour leur ostel LIIII sols.

Item li sergant du bourc doivent warder le iouel par les III iours tout arme et si doivent avoir leur disner avoec les maieurs des bourgois, et si ont VI livres, et sanlaulement li sergant le castelain ont comme li sergant du bourc et si ont LX sols.

Item li dit sergant le conte et le castelain ont pour leur souper du samedi au soir XVI sols.

Item li sergant des eschevins ont par grace.

Item li lieux tenant du baillieu par grace II pieches de char, I oison, IIII pains, II los de vin et sanlaulement le venredi et le samedi le pain et le vin et II escuelles de pissons sans tartes.

Item on repporte toutes les vesprees des III iours le

iouel du prauel a le tour du petit markiet et il doit estre li baillieus et li sergans a cheval et li clers tout monte et arme, et conduire iusques la, et puis reviennent li maieur as vielles et donnent a boire chiaus qui sont aveucques yaus, et si wide on le tronc de le iournee et si met on cascun iour en I sac a parluy.

Item li grans sergans de le carite et li clers ont de leur droit a cascun des III iours au vespre cascun I lot de vin et II pains et si ont pour le venredi et le samedi pour ces II iours, cascuns II tartes.

Item li IIII petit sergant de le carite ont cascuns de leur droit a cascun des III iours au vespre demi lot de vin et I pain, et si on cascuns pour le venredi et le samedi une tarte.

Item li menestrel ont le venredi au disner du vin de le carite tant que le valleur de XX sols et non plus, et ne doit estre che iour nuls menestreus au frait de le carite.

Item li maires des iongleurs et si opaignon qui sont avoec lui pour warder le iouel, li menestrel de deus, li trompeur et Michiel li wartes doivent estre le samedi au disner au frait de le carite.

Item li VI eschevins de le carite qui sont commis a warder le ioiel sont par tous les disners des III iours au frait de le carite.

Item li VI hainieur et li doy crieur sont par tous les III iours au disner au frait de le carite.

Item li doy vinier et li panetier sont par tous les III iours au frait de le carite et si on li panetier et li bouchier taille au vin.

Item li maieur ont cascune vespree des III iours... de vin et... pains.

Item on fait bien de grace au maieur des iongleurs cascun des III iours au souper IIII los de vin et XII pains, et si ont de leur droit XL sols a le carite, et non plus ce nest par grace.

Mais on leur fait bien grace de XX sols.

Item Pierres Choquars a de son droit de son office tous les relies de pain entame, de char et de pisson et de tartes, et si a XX sols pour che que il livre les nappes.

Item li sergans des vielles a de son office les plumes, les gibelles, et les lies et les fus des tonniaus et des koues.

Item li vinier doivent rendre conte des deniers que i rechoivent aveuc les meriaus mais de che doit on poier et prent on ens les frais de blanduriaus de froumages et le varlet qui saque le vin.

Item le lundi au matin doit on estre en salle pour trier et compter le monnoie et pour delivrer et poier lau on doit pour le carite, et y sont li doy maieur des bourgois et tout li menestrel, tout li office du pain du vin et de le quisine, toute le mainnie de sergans nostre dame grans et petis et li VI eschevins qui ont warde le iouel et aussi y ont accoustumet a estre chil qui ont vendu les vins et les bocs, li boulenghiers, li tartiers et chius qui tent les tentes.

Item li maieur des bourgois ont cascuns pour leur office I merel et si envoie on le samedi au souper II beques et II carpes, chest a cascun I beket et I carpe, et as femmes des maieurs le ioedi une escuvele de viande et le samedi II tartes.

Item tous li prestres qui sont en le carite nostre dame parmi III messes lan il viennent au siege dire as maieurs par leur seremens, ont cascuns I merel.

Item li clers de le carite nostre dame a de sen office I merel et pour se chartre lire le ioedi et le samedi, II meriaus et se on li fait lire le venredi, III.

Item li sergant des vielles pour sen office I merel.

Item Pierres Choquars pour sen office I merel et pour leswart I merel.

Item li IIII petit sergant pour leur office cascuns I merel.

Item li XVIII eschevins porteurs ont cascuns pour leur office I merel et IIII deniers cascuns de cascun corps lau il sont, si fait on taille contre yaus.

Item li VI eschevin qui sont commis a warder le iouel ont pour leur office cascun I merel.

Item li III menestrel ont pour leur office cascun I merel et chius qui est maires, II.

Et si ont li doy menestrel qui sont a leswart pour le dit office cascuns I merel.

Item les III femmes qui sont a lewart ont cascune pour le dit office I merel.

Item li III menestrel ont de leur droit, chius qui est commis au vin avoec les bourgois IIII sols, chius qui est commis au pain II sols, et chius qui est commis à le cuisine IIII sols.

Item on doit meitre le nuit saint Johan sur les XIII apostles qui sont entour le cappellete du petit markiet, sur cascun un capel de roses vermeiles.

Item on doit le iour saint Vaast apparillier entour le cappeleite et ospardre de verde herbe et doit estre toute li mainsnie apparellie et estre la toute le matinee et y doivent venir li doy maieur des bourgois et doivent adestrer chelui qui porte le candelle de chire de XXX

livres de pois et le doit on offrir a saint Vaast pour le
rente du treffons de le cappellete et li maires des menestres va devant et baille au prevost de saint Vaast les cles
de le capellete en congnoissanche que li eglise est treffonssiere du dit lieu.

Item on porte avoec un ours de chire du pois de VI
livres pour le treffons de XL pies de terre sur XIIII de
devant lapentich donc peut faire che que il li plaist sans
dangier pardevers aus.

Item on doit porter toutes ches coses a saint Vaast as
crois, as confanons, a trompes, a vielles et a toutes
autres menestrandies, et quant il y a trompeurs ou
autres menestreus de dehors on leur doit faire courtoisies
selon che que il sont et au revenir du prauel on donne
pour dieu as poures menestreus selon che que il sont.

Item le nuit de le mi aoust apres disner doit on mextre
devant le capellete ou petit markiet les bans des pissonniers et faire J parc quarre et le doit on espardre de
verde herbe, et si doit on mettre en un lieu VII des
grans candeliers de le carite et trois torssins sus cascun
du pois de III livres de chire.

Item li maires des bourgois doit estre a lentree de le
tour et grant plente de ses amis pour lui opagnier tant et
si longuement que li cantores qui cante en che meisme
leur laisse le canter.

Item li sergant de le carite doivent aller querre II los
de vin et donner a boire as maieurs, au cantour
et as bonnes gens dentour entroes que li dis canteres
cante.

Item quant li maires a laissiet le canter on le convoie
a sa meison as torsses, et si a on apparilliet en sa meison

du vin et des espisses pour chiaus qui junent et pour chiaus qui ne iunent, aucune cose a mengier.

Item li canteres a de sen droit IIII sols, et cascuns de le mainnie nostre dame, hommes, femmes et menestrel a de sen droit une candelle de VI en le livre al aler ent en se meson.

Item on fait le maieur des bourgois le lundi apres le XVe iour de Pasques, et doivent li doy grant sergant faire le iour devant le tour pour semonre le plait as eschevins de le carite bien et souffisaument ; et les eschevins venus en salle, li maires qui est pour le temps doit prendre che que il y a des vies maieurs, et sont ensaulle les offices du pain du vin et des boes, et les met li clers par escript, et les nomme tous en ordre devant le quemun.

Item ce fait on sasiet, et va li sergant des vielles autour a cascun eschevin et li demande que il die par son serrement que il nommet pour estre maieur, et a fait que il nomment, li clers est en mylieu qui les trait en une laite et quant li tours est fait on conte les III trois qui ont plus de trais, et sient sur I banc a pariaus, et si prent on III boulles de chire et si a en lun escript Ave Maria en I billet de parquemin, et chius des III qui a lescript demeure maires pour le temps avenir.

Item li sergant des vielles doit avoir pourveu en le meison le maieur qui est pour le temps le disner pour les maieur vies et nouvel, les menestreus et les sergans de le carite, et seul avoir avoeques yaus cascun IIII ou trois de leur amis, et si seut on mander les officiers du vin, et prent on la colation des vins acater et quelz on les acatera.

Item les femmes de lewart doivent avoir IIII sols au nouvel maieur quant elles le viennent saluer.

Item on acate les vins le plus tost que on peut pour avoir plus lont siege.

Item on acatte les boes quant il semble bon et pourfis de le carite et les oisons aussi.

Item li sergant des vielles doit pourveir ble et toutes autres coses que il convient avoir a le feste.

Item quant li maires des menestreus est a queval, li maieurs des bourgois vont contre lui a queval as trompes et le mainnent a nostre dame en chite et le rameinnent iusques a sen hostel.

Che sont li salaire des mesnies de le carite chi apres escrips. Primo. Li maires des iongleurs doit avoir en lanee quil est maires XX livres se il est de leswart et se il nest de lewart XVII livres et XVI sols.

Item tout li autre iongleur doivent avoir pour leur office en lanee quil ne sont point maieur cascuns LII sols, et se il sont de lewart de le maladie, pour le dit eswart LII sols.

Item Jehans Biaubles pour sen office XVI livres.

Item Pierre Choquars pour sen office XVII livres VIII sols.

Item pour sen eswart XVII livres VIII sols.

Item pour nappes buer et livrer XX sols et ne les met on mie en pention.

Item li clers doit avoir VI livres. Item Jehans de le Vingne IX livres, et pour taillier les corps X sols lez quelz on ne met mie en pentions.

Item Willems de saint Mahieu C sols, Jehans de Heuchin C sols.

Item Pierres li keus IIII livres, item li beghine LII sols.
Item dame Willemote LII sols.
Item le femme Pieret le keus LII sols.
    Explicit.

XII.

ADVENEMENT DU SAINCT CHIERGE EN VERS ANCIENS QUY SE CHANTENT LA VEILLE DE L'ASSOMPTION[1].

Poëme du XIIIe siècle.

Hault. Au nom de Dieu en Trinité
   Trois noms en une déité
   Vous veux raconter et retraire
   Mot à mot par juste exemplaire
   L'ordonnance du digne chierge
   Qui chy bas par la saincte Vierge
   Conforteresse des pécheurs
   Fut apporté à deux chanteurs
   Pour conforter les patiens
   Desirant lors pour leurs tourmens
   Morir, sans plus nullement vivre,
   Pour l'ardeur dont Dieu nous delivre.
    La chartre nous vœult tesmoingnier
   Que au temps de l'evesque premier
   Darras la noble citié
   Lambert de nom en vérité
   Lequel no ebt cure de veuvance

[1] Registre Thieulaine, fol. XXXIX, v.
Il existe plusieurs copies de ce poëme qui diffèrent entre elles par quelques variantes, ce qui montre que ces vers étaient récités par cœur et se transmettaient dans les familles par la tradition orale.

Ne aussy de acquerir grand chevance
Car en son temps il est tout vray
Arras estoit auecq Cambray
Le diocèse et eueschié
Mais partir le foist à moictié
Et puis retint à sa partie
Trestoutte la moindre partie
Darras fut euesque nommé
De tous biens estoit renommé
Moult fut aimé par sa prudence
Car plain estoit de conscience.
   A ce temps que Lambert régnoit
Une pestillence courroit
En Arthois cest chose certaine
Sur maincte créature humaine
Sur corps d'hommes, femmes, enffans
Les quelz estoient fort dolains
Du feu qui est nommé de enfer
Lequel est rouge et noir que fer
Qui est à l'ung lez embrase
Et à l'autre n'est poinct brase
De ceste pestillence grief
Estoient plusieurs encequiez
En bourgs, en villes, en casteaulx
En villaiges et en hameaulx
Sespardoit par si grand effort
Que ne trouuoient nul confort
Par puizons ne par medecins
Ne par sorchiers, ne par deuins.
Les aucuns les auoient es bras
Et les aultres es membres bas

      Es gambes, es piedz et es mains
      Mehains dont souffroient moult griefz
      Ne sceuent nul confort trouuer
      Fors que de crier et plourer
      Par le feu qui les vault surprendre
      Dont Dieu nous weulle tous deffendre.

Bas.   Meismes coulx qui haittiez estoient
      Et qui ce mal poinct ne sentoient
      Furent tourmentéz de paour
      Que autant n'en eussent à leur tour.
      Par le pechiet qui lors régnoit
      Dont aulcuns cognoissans en droit
      Se mettoient en ordonnance
      Par bonne et certaine creance
      Et prendoient confession
      En faisant satisfaction
      Par penance de leurs meffaict
      Et fehissoient tous leur fais
      A leurs curés dévottement
      Et aucuns qui en ce tourment
      Du feu d'enfer pardevant dict
      Furent touchiez en grand delict
      S'en vindrent en la mère Eglise
      D'Arras comme gens bien aprise
      A carotte, à piedz et à cheval
      En requérant que de ce mal
      Les vœulle garir et curer
      La Vierge qui vault procurer
      Par sa bénigne volunté
      Tellement que de sanité
      Furent garnis et pourvuz

Tant que le grand mal de ce feu
Et horible ardante estinchelle
Faillit par la Vierge puchelle
Qui sa grand grace y estendy
Ainsi que vous arez ouy.

Hault. Bonnes gens en celluy tempore
Comme rapporte le mémoire
Les chanteurs qui alors regnoient
Les beaulx et haults faict récitoient
Des nobles princes terriens
Qui comme vaillans crestiens
Espandoient sang et suour
Pour multiplier chascun jour
Nostre loy de crestienneté
Par france et bonne volunté
Et iceulx chanteurs deuant dits
En retraictoient maint beaulxdits
En chantant auecque la vielle
Qui joie souuent renouuelle
Et en ce temps les nommoit on
Jongleours et pour ce dist on
Qui par Jongleours se resjoie
Nommer le doibt porteur de joye
Mais pour le temps de maintenant
Se vont menestriers appellant
Et ceulx qui maisnent singe et ours
Se font appeller jongleours
Mais ce ne fut poinct à tels gens
Que la digne Vierge au cœur gent
Ceste grande grace enuoia
Quand le digne chierge envoia

Pour monstrer sa vertu visible
Qui point ne doibt estre incrédible
Car par chaultain feu éternel
Faict estaindre feu infernel
En ceulx qui ont ferme créance
Et certaine sans variance,
Icculx à qui fut enüoiée
Ceste grace et appropriée
Estoient nommez à ce temps
Chanteurs viellans et chantans
Pour esbanoier Roy et Ducs
Princes, Bourgeois et gens menus
Car d'instrument n'estoit nouuelle
Fors seullement de la vielle

Hault.   Or advint que en l'an Jhu Crist,
Si comme l'escripture dist,
Mil cent ans auecq cincq estoient
Deux chanteurs qui alors régnoient
Lesquelz se volloient mesler
De chanter et de vieller
Se prendoient leur garnison
En toutte leur affection
L'ung fut en Brabant hostellé
Et estoit Itier appellé
Et l'autre à Sainct-Pol en Ternois
Normant ez nom se dist la voix

Bas.   Ces deux par l'introduction
Du diable obrent discention
Car l'un par trop grand vitupère
Obt à l'autre tué son frère
Dont s'ilz se fussent rencontrez

Ils se fussent entretuez
Et non pourtant veu telle offence
S'estoient ils plain de prudence
Et de très parfaicte créance
Et faisoient grande pénitence
Pour acquerir leur sauluement
Et selon leur entendement
Servoit chacun à sa partie
La Vierge de tous biens partie
Car chascun d'eulx, selon son sens,
Luouroit de ses instruments
Deuant l'imaige à voix haultaine
Le saluoient d'une authiaine
Des lors que ensamble conuersoient
Ceste accoustumance ordonnoient
Et quant furent desseparéz
Pour ce ne furent separéz
Du seruice de la belle Dame
Qui a saulùement mect toutte âme

Hault. Or aduint que le Brabanchon
Ithier dont je faict mention
En quy y obt peu de délict
Fut ung jour couché sur son lict
En ung mercredy proprement
Mais en dormant, visiblement
Une vision luy suruint
Dont depuis bien il luy souuint,
Car en dormant luy apparut
Que une Dame à luy sapparut
Laquelle estoit Vierge et pucelle
Vestue de robe nouuelle

Trop plus blance que fleur de lys
Dont son cœur fut en grand délictz
En lisant.   Et quand elle approcha sa couche
Elle lui dist d'une voix doulce
Dors tu, dist elle? Esueille toy
Et ce que ie te diray oy.
Lieue toy sus et si t'en va
Droict à Arras, n'arreste ja
A la mere eglise tadresse
Là trouueras en grand destresse
Pluisieurs malades patiens
Lesquels souffrent diuers tourmens
Car en pluisieurs lieux sont espris
Du feu trenchant qui leur est pris
Mais par toy tost remède auront
Et de ce grief mal gariront
Se te diray par quel partie
Aussy tost que seras party
A l'euesque te adresseras
Et à luy te confesseras
Et la vision que tu vois
Luy diras à bassette voix
Et puis au dimenche matin
Que Sabmedy ara prins fin
Auecq l'euesque chercheras
Les malades, et là verras
Une dame pareille à moy
Laquelle se apparera à toy
Et à ton ennemy Normant
Et à l'Euesche tressachant
Et sachiez bien que celle Vierge

A vous deux baillera un chierge
Tout alumé entre voz mains
Dont le grief feu sera estains
Es corps de maintes créateures
Qui metteront ententes et cures
D'auoir en eulx vraie créance
Mais tous ceulx qui en variance
Recepveront la médicine
Pour moult tres dure discipline
Mouront de mort aspre et obscure
Ne en eulx ne metteray ma cure
Qu'ilz puissent à sancté retourner
Ore pense de t'attourner
Et dis à l'euesque ces faicts
Et se luy cognois tes meffaicts
Et pardonnes tout mal tallent
Par ce viendras à sauluement.

Hault.   Ithier à ce mot se esueilla
Et de ce faict se esmerueilla
Ne scet se cest vray ou mensonge
Et dist, je cuide que je songe
Ou fantosme certainement
Ou cest aucun enchantement
Et non pourtant je vœult aller
A Arras à l'euesque parler
Pour voir se ceste vision
Aura vérification.
Dont s'appareilla erramment
Et en celle nuict proprement
S'apparut celle propre voix
A l'aultre qui fut en Ternois

Se luy compta pareillement
Comme à Ithier certainement.
 Normand quand il vit la semblance
De l'humble Vierge digne et blance
Son commandement entendit
Adoncque ses mains en hault tendit
Et dist Vierge très honnorée
De moy tu seras aourée
Quant à ce poûre et grand péscheur
Te est apparue en telle honneur
A ton command obéiray
Et enùers Arras me enniray
Tantost de son lict se leùa
Et de ses draps s'appareilla
Et sa vielle à son col pend
Et puis a faict departement
Tant fit Normand dont je vous dy
Qu'en Arras vint le vendredy
Deùant Ithiers, appert assez
Car Ithiers estoit plus lassez
Qui de Brabant estoit partys
Se venoit de plus loing pays
Sy que du vendredy au soir
Ne obt mie de venir povoir
Ainchois y vint le samedy
Et Normand dont je vous ay dit
Se leùa sabmedy matin
Et puis açcœillist son chemin
Vers la mere Eglise d'Arras.
A l'entrée du premier pas
Se agenouilla deùottement

En priant de cœur humblement
A la Vierge Royne de gloire
Que si sa vision est voire
Lui voeulle faire demonstrance
Du faict par vray cognoissance
Là fut en grande dévotion
En faisant sa pétition
Puis se leüa et se est party
Pour saluer le crucifix

En lisant. Après s'en va parmy l'Eglise
Si a choisi en diverse guise
Pluisieurs malades tourmentez
Du feu trenchant, c'est vérité,
Qui pour leurs horribles tourmens
Faisoient maints jémissemens.
Moult en obt grande compassion
Quant il veit l'apparission
Et delà disant se partit
Deus misereatur nostri
Cette salme il a recordé
Et puis a l'Eüesque trouüé
En sa chapelle chief enclin
Par deüant l'autel St-Sevrin
Normant se mist à geullons
Tout recordant ses oraysons

Hault. Ung peu vault l'Eüecque approchier
Mais il ne l'ose saluer
Et l'Eüesque le regarda
Qui doulcement luy demanda
Amy, veult tu parler à moy
Et ouy sire en bonne foy

Lui dit Normant s'il vous plaisoit
Voluntiers mon corps vous diroit
Ung bien petit de mon secret
Alors le a l'euesque acheué
Normand vint seoir à ses pieds
Tous ses meffaicts a retraictez
Par certaine confession
Puis luy compta la vision
Comment la mère de concorde
Royne de miséricorde
Trois nuictz deuant fut apparue
A luy toutte blanche vestue
Et luy avoit enjoint et dict
Que à luy venist sans nul respit
Et quant sabmedy finera
Et que dimenche adjournera
Voisent eulx trois par compaignie
En l'eglise saincte Marie
Pour les malades visitter
Qui sont du trenchant feu d'enfer
Embrasez par diuers martire
Et la mère du haultain sire
Par son plaisir nous baillera
Ung cierge qui estaindera
L'horible feu et la fumière
Si vous diray par quel manière
Si comme par la vision
Me fut faicte deuision ?
Quant le chierge sera esprins
Ung vaissel plain deauwe aurons prins
Ou le signe de la croix ferez

        Et la chire y dégousterez
        Aùecque l'eauwe ferons user
        Ces dignes gouttes sans ruser
        Aux malades qui requerront
        Ceste grace et qui le crairont
        Et ceulx qui croire ne y voldra
        Sachiez dedens nœuf jours moura.

Hault.   Quand l'eùesque Lambert entend
        Normand, ses mains vers le ciel tend
        Et dist : Vierge je te gracy
        De ta grace s'il est ainsy
        Lors demande à Normand son nom
        Et de quoy prend sa garnison
        Père, dist-il, je vous creant
        Que j'ay à nom Pierre Normant
        Nez fut à Sainct Pol en Ternois
        Vray chanteur de chant et de voix
        Du vieller et de chanter
        Me vœult pour viùre mesler

Bas. Et quant l'eùesque l'escoutta
        Une grand pièce busia
        Et dist ie croy que ce sont bourdes
        Que tu me contes et falourdes
        Car tous jongleours et chanteurs
        De leur coustume sont menteurs,
        Et pourtant ne porroie croire
        Que ceste vision fust voire
        Quant Normant ce parole oyt
        Tout honteux de l'eùesque partit
        Par l'oglise s'en est allé
        Moult fort dolent et esplouré.

Hault. De Normand vous fairons ester
Se vous voldrons de Itier parler
Qui de Brabant estoit party
Vestu de beaulx draps mixtis
Tant auoit exploicté ses pas
Que à deux lieuettes près d'Arras
Le sadmedy auoit couchié
Et au matin se est esueillé
Puis se s'en vint droict en cité
Ainsi que tiercho en vérité
A la court l'Euesque s'en vint
En ce point si bien y aduint
Que l'Euesque messe chantoit
En sa chapelle où il estoit
Ithier à sa messe escouttée
Et quand elle fust parfinée
Deuant l'Euesque se monstra
Et deuant luy se agenoulla
En disant voeullez escoutter
Ce que ie voldray réciter.

Bas. Père en Dieu, je suis votre filz
Plaise vous escoutter mes ditz
L'Euesque tout quoy s'aresta
Et doulcement le regarda
Puis dist Beau filz dis ta quérelle
Lors luy dist Ithier la nouuelle
Et la vision qu'il obt veue
Laquelle lui fust aduenue
En Brabant où il conuersoit
Tout mot à mot luy racompta
La vision et tout le maint

        Pareillement comme Normand
        Lui aùoit dist et récité
Hault.   Quant l'Eùesque le a escoutté
        Moult aigrement le regarda
        Et en après luy demanda
        Son estat, son estre et son nom
        Et cil luy dist : Itier ay nom
        En Brabant fus néz et nourris
        Et de menestrander je vys
        De vieller et de chanter
        Pour gens deduire et depporter
        A doncq quand l'Eùesque l'entend
        A faulx diable dict il vatent
        Tu me cuides cy falourdes
        Comme l'aultre qui recordes
        Me vint conter pareillement
        Ceste vision proprement
Bas. Et est de ton mestier aprins
        Ensamble aùez ce conseil prins
        Pour moy enchanter et séduire
        Bien scaùes l'ung l'autre induire
        Affin que ung peu de vaine gloire
        Ayez, c'est chose assez notoire
        Car vos deux raisons sont éguales
        Je n'ay nul mestiers de vos galles
        Ne de vos fables escoutter
        A dist Ithier laissez ester
        Mais vœuillez moy nommer celluy,
        S'il vous plaist, qui vous a gehyx
        Les raisons que je vous ay dictes.
        Cy endroict sans nulles redictes

Hault. Dist l'euesque c'est ung chanteur
Comme tu es et ung menteur
Qui se faict appeller Normand
A moi a racompté le mand
Et le faict de ceste ordonnance
Parquoy vous deux dune alliance
Aues ceste fable aduisée,
Ha ! sire, n'y ayez pensé
Dist Ithiers, car se je tenoye
Normand, tantost luy boutteroye
Mon espée parmy le corps
Car par luy fut mon frères mors
Et occis a grand vitupère
En lisant. Quand l'euesque oyt la matière
Se pensa que la vision
Venoit pour la diuision
Des deux ennemis accorder
Dont pour leur ire concorder
Dist à Ithiers, entends beau filz
Soes trestout certain et fix
Que si tu retiens par rapine
En ton cœur rancune et hayine
L'euangille nous en recorde
Que œuûre nul de miséricorde
Ne pœult faire celluy au monde
Ainchois fault que ton cœur tu munde
De couroux par ton bon tallent
En pardonnant tout maltallent
A ton frère par charité
Car si comme il est réuclé
Bien voy que par la concordance

De vous deux, auront allegance
Ceulx qui du mal en patience
Sont cy battus se par prudence
Recoipuent la grace en appert
Que la Vierge leur a offert
Ains vœulle toi ramémorer
Comment Dieu vault tout pardonner
La mort que luy firent souffrir
Les Juifs quand le firent morir
Dont qui de cœur ne pardonra
Ja Dieu pardon ne luy fera.

Hault. Tant l'exhorta l'euesque et dist
Que par grace du Sainct Esprist
Seest en grand pitié esmeu
Et auprès de l'euesque est cheu
En le priant que de la paix
Il s'entremette désormais
Dont l'euesque valt enuoyer
Son chappellain par le moustier
Et luy dist querez me celluy
Que de matin parla a my.
Le chappelain tant se hasta
Que Normand tantost il trouua
A doncq le prinst par le costé
Se la a l'eusque amené
Et quand l'euesque l'apperchu
Encontre luy il est venu
Et a fait Ithier demourer
A qui il obt faict pardonner
La mort de son frère germain
Lors a prins Normand par la main

     Et aùecq lui tost le mena
     Et en allant lui racompta
     Comment Itiers venu estoit
     Que la vision récitoit
     Pareillement quil lui obt dit
     Ha, sire, c'est mon enemy.
Bas. Dist Normant, s'i me pœult voir
     Il me pouroit bien mesquoir
     Car iadis par mauùais enhort
     Vault ung sien frère mettre à mort.
     Beau filz, dist l'eùesque erramment
     Pardonné il est maltallent
     Tant le en ay prié et requis
     Qu'il m'a du pardonner promis
Hault. Normand se est tant de joye esmus
     Que aux piedz de l'euesque est queus
     A doncq a fait Ithier venir
     L'eùesque pour la paix tenir
     Et Normand à genoux se met
     Enùers Itier plourant se traict
     Et humblement mercy lui prie
     Que le vray pardon lui ottrye
     De son frère qu'il a occis
     Amender le voldra comme cil
     Qui de cœur en est repentant
En lisant. Alors se traict l'eùesque aùant
     Pour ceste paix mieux confermer
     Leur vault maints beaulx mots informer
     Et dist, enffans de charité
     Qui vœult viùre en prospérité
     De perfection briefùement

Ire, righeur et maltalent
Doibt pardonner de cœur contrit
Car l'euangille traicte et dit
Que haine qui est peruerse
Et charité sont plus diuerse
Que n'est blanc encontre le noir
Hayine fait rage esmouùoir
Esmoùveresse est de tous maulx
Mais charité est principaulx
C'est la voie de Paradis
Tant leur a des beaulx parlers dis
Que par très ardant désirer
Vaulrent l'ung de l'aultre aprocher
Par amour et par concordance
Et d'une certaine alliance
Baiser l'ung l'aultre doulcement
Puis dist Ithier moult humblement
Normand je te pardonne la mort
De mon frère que occis a tort
Par carité et par concorde
De bon cœur le pardon t'accorde.

Hault.   Quand ceste paix fut confermée
Qui par l'euesque est affermée
L'Euesque les volt emmener
Tous deux auecq lui disner
Et eulx trois par déuotion
Ne prindrent leur reffection
Que en pain et eawe seullement
Et quand vint sur le vesprement
Tous trois comme gent bien apprise
S'en vindrent en la mere Eglise

Pour les malades visitter
Qui moult se volrent doulouser
Car ne pœûvent trouûer confort
Bien voulsissent recepûoir mort.
  L'Eûesque Normant et Ithier
Les confortent de cœur enthier
Puis se misrent en oraison
En faisant déprécation
Deûant l'ymayge Nostre Dame
En recommandant corps et ame

Bas. Mais droit à l'heure de mynuict
Celle qui sur les Anges luict
Se est apparue sans séjour
En sa main le cierge maiour
Que paraûant leur obt promis
Ce digne chierge fut espris

En lisant. De vraye lumière éternelle
Et une voix célestielle
Leur dist : en hault mes bons amis
Qui en ce lieu estes transmis
A vous deux qui viûez de chant
Et de vielle ung ieu plaisant

Il faut Ceste chandelle sans tarder
monstrer Vous baille et enjoings à garder
le A tousiours permanablement
St-Cierge. Et sachiez que du laûement
Et de la chire dégouttée
Et du patient bien usée
Qui dignement le recepûera
De l'infermité guerira
Que on nomme trenchant fou d'enfer

Mais celluy qui dur comme fer
De ce mal, et poinct ne croira
En ceste grace tost morra

Hault.   Quand la glorieuse Royne
Obt dit la parole bégnine
Incontinent se esûanouyt
Et les deux chanteurs sans detry
Ont entre eulx deux bénignement
Receu le gracieux présent
C'estoit la chandeille de grace
Qui puis fut en maint lieu esparse
A l'Eûesque le ont présenté
Qui bien la voix obt escoutté
Et l'ordonnance aussi veue
De la Dame blanche vestue
Qui fist le présent glorieux
Lors dist ce parlers gracieux
Vierge, ta grace soit louée
Et ta vertu soit augmentée
Puis dist aux deux chanteurs notables
Je vœult estre vos caritables
Recepuez moy par vos bonté
Comme vos frère en carité
Et puis nous irons visiter
Ces malades et conforter
Quand les deux ont l'Eûesque oy
Doulcement se en sont résiouy

Bas.   Or s'en vont à tout trois vaisseaulx
Plains d'eauwe et du cierge roiaulx
Firent ens dégoutter la chire
Oncques ne prindrent aultre mire

En trois rengs firent ordonner
Les malades sans séjourner
De la chire qu'ilz degoutterent
A chacun malade donnerent
Aùecq l'eauwe qui moult fut saine
Qui fut de puich ou de fontaine
Et leur faisoient aùaler
Et puis faisoient esproer
De l'eauwe sur la maladie
Et ainsy toutte la nuictie
Pour ces malades ce me semble
Ilz veillerent tous trois enssemble
Jusques à tierche lendemain
Mais quand au malade derrain
S'en vindrent et on luy versa
Ceste saincte eauwe, il demanda
Se c'estoit vin ou eauwe clere
Adoncq l'Eùesque luy dist, frère.
Ce est eauwe du sainct laùement
Dont respont-il isnellement
Je y eusse plus grande fiance
Se ce fut vin, car la substance
De vin a trop plus de vertu
Que l'eauwe na et que dis tu

Hault. Dit l'Eùesque, beaulx doulx amys
Dieu a sa haulte vertu mis
En l'eauwe de noz sauùement
Par eauwe as prins baptisement
Se te prie que de bon coraige
Rechoipùes ce digne beùvraige
Comme les aultres sans doubtance

Se ayes en toy ferme créance
Chil le rechupt sans conscience
Dont pas ne fist grande saence
Car quand par la gorge passa
Voians lez aultres trespassa
Villainement et par grand raige
En lisant. Ainsy mourut par son oultraige
A doncque furent en foy si ferme
Que garis furent de l'enferme
Et du feu tranchant infernal
Plus ne sentent douleur ny mal
La y obt loenges rendues
Les nouùelles sont espandues
Parmy Arras et la cité
Chascun se est de grand cœur hasté
Pour y venir communemment
Et le clergié déùotement
Aùecq l'Eùesque est reùestus
Disant *Te Deum laudamus*
Te dominum confitemur
Et les clercs qui au chœur estoient
Moult haultement le parchantoient
En celle nuit furent garis
Par la grace que je vous dis
Sept vingtz et quatre patiens
Qui souffroient diùers tourmens
Trestous furent garis et sain
Forsque ung seul qui fut oderrain
Que par son incrédulité
Mourut par grand horriblité
Hault. Après ceste noble ordonnance

Volrent pluisieurs par concordance
Entrer en ceste carité
Et gens de grande auctorité
Pretres, cheùaliers et bourgeois
Car partout se ospandit la voix
De ce miracle hault et bas
Le chierge fut mis à Arras
Si en furent maistre et seigneur
Les deux chanteurs par grande honneur

Bas. Mais les cheùalliers de la terre
Qui furent deùenus confrères
Obrent grande indignation
Quand en telle possession
Vuirent les deux chanteurs regner.
Pardessure eulx et gouùerner
S'en prindrent en eulx tel conseil
Que puis leur tourna à traveil

Hault. Quant Normand fut mort et Ithiers
A Arras obt deux cheùaliers
Qui aùoient moult grande vieulte
De ce que ceste carité
Estoit par deux chanteurs menée
Et eulx qui sont de renommée
Falloit qu'ilz fussent dessoubz eulx
Or vous diray les noms diceulx

Bas. L'ung fut Nicolas Augrenons
Moult fut puissant et riche homes
Il tint Baillœul et Imercourt
Et l'aultre estoit Jehan de Wancourt
Ces deux la volloient commenchier
L'oultraige et furent les premiers

Dont puis obrent honte et vergongne
Si comme la chartre tesmoigne

Jault.   Ces deux qui ce fait commenchierent
Pluisieurs cheüaliers assamblerent
Et dirent en leur remonstrance
Beaulx seigneurs vecy honte grande
Que ceste carité presie
Qui est de si grande seignorie
Que chanteurs en sont les seigneurs
Et en receipuent les honneurs
C'est à nous honte et vitupère
Entre nous qui sommes confrères
Maintenons ceste confrairie
Tous enssamble de nos partie
Et ne soient plus avecq nous
Mesmement ces deux chanteours
Mais leur carité voisent faire
Ailleurs en ung aultre repaire
Et nous tiendrons pour nous cestuy
Que vous samble est il bon ainsy
Ceulx responduent à vo volloir
Accordons sans en remanoir
Deffendez leur que plus ne viengnent
A nous, mais à par eulx se tiengnent
    Ainsy fut leurs conseil conclu
Aux deux chanteurs deffendu fut
Que plus ne soient si osé
De maintenir la carité
Ensement furent eslongiét
Ces deux qui obrent commenchiét
La carité à maintenir

Et qui le deuissent tenir
Et s'estoit à eulx enüoyée
La grace et carité bailliée
Dont moult durement se plaindroient
Et la mère Dieu reclamoient
Tiercement par grand temps adûint
Que nulz des chanteurs plus ne vint
Mais la Vierge ne oublia mie
Longuement sa pauûre maisnie
Ains en print cruelle vengeance
Car ceulx qui la désordonnance
Aûoient faict par leur oultraige
Furent prins de si grief malaige
Que tous leurs membres leur failloient
Ne soustenir ne se pouuoient.
Les deux qui le commenchement
Furent de l'inconûenient
Dont les deux chanteurs sépparés
Furent de eulx et deseparez
Ceulx la furent si fort esprins
Du feu trenchant qui les oht prins
Qu'ilz ne se pouuoient ayder
Fors que de braire et de crier
En celle maladie obscure
Adûint à l'ung une adventure
Car en son lit où il se jut
Une nuit à lui s'apparut
La Vierge de grace parée
Qui de pechiet est sépparée

En lisant. O toy, dist elle, qui cy gis
Scez tu pourquoy ainsy languis

C'est par pechiet de ton meffait
Tu as deffaict ce que j'ai faict,
Tu as la grace despoiet
A ceulx où l'aŭoye baillie
Et se par toy ne est amendé
Briefuement mouras a grand vieulté
Et quand cil la voix entendit
Priant mercy les mains tendit,
Dame, dist il, que ay je mesait
Enŭers vous. Dictes-moy le faict
Car oncques mais plus ne vous vis
Je suis la mère Jhesus Christ
Dist la Vierge moult humblement
Qui me plains de toy durement
Car tollus as la confrarie
A ceulx ou l'aŭoye baillie
C'est aux chanteurs porteurs de joye
Car a eulx deux baillié j'aŭoye
Mon cierge ardante en la préseuce
De l'Eŭesque plain de prudence
Pour la confrarie estorer
Mais se ne leur fais restorer
Ce que tu as fait par oultraige
En leur rendant leur héritaige
Dont je les flefŭay a tous jours
Je te promès que en griefz dolours
Et en grand paine languiras
Et puis de malle mort mouras
Mais se tu leur veulx amender
En brief temps te feray munder
Et seras sané et guary

            A tant de la s'esûanouyt
            A l'aultre malade reûint
            A qui pour ce fait mesadûint
            Toutte la raison lui compta
            Comme à l'aultre et lui racompta
            Tout ensement la voix luy dist
            Et puis se partit sans respit
Hault.   Quant les deux malades ont oy
            La raison que leur a gehy
            La Vierge Dame en telle guise
            Porter se firent à l'église
            De Notre Dame et s'encontrèrent
            L'ung l'aultre et puis racompterent
            La vision que obrent ouy
            Chascun l'imaige a conjoy
            De la très glorieuse ancelle
            Mère de Dieu Vierge et pucelle
Bas. Grace et louenge luy rendirent
            Et en apres par leurs gens firent
            Querir partout Isnel le pas
            En tous lieux les chanteurs d'Arras
            Qui furent viellans et chantans
            Et plusieurs aultres ne scay quants
            Et aux chanteurs mercy prièrent
            Et en leurs mains restituèrent
            Le digne chierge en vérité
            En leur rendant leur carité
            Se leur promirent à celle fye
            Tout leur temps secours et ayde
            Et pour ce faict furent adjoints
            Auecq les bourgois et conjoincts

Trestous chanteurs pour avoir port
Ayde secours et confort
Et gouvernerent le temporel
Les bourgois l'espirituel
Ont en leur mainbour justement
Les deux chanteurs entièrement
Et doibûent le miracle faire
Du digne chierge qui resclaire
Les cœurs de ceulx qui par substance
Laueront en ferme créance

Hault.   Après ces faits pour approuūer
Que ce soit vray sans poinct errer
Leûesque Lambert de cœur fin
Ordonna la chartre en latin
A laquelle plusieurs seaulx
Sont mis des collieges royaulx
Et droict au lieu certainement
Ou la Vierge fist le présent
Du digne chierge de valleur
A ses servans et vrays chanteurs
L'Eûesque y fit sans arrester
Ung marbre bis subit planter
Ou celle ordonnance est pourtraicte
Si comme l'Escripture traicte
Qui est grande approbation
Et pourtant par dévotion
Requerons la Vierge Marie
Que pour nous son filz Jhésus prie,
Que du feu d'enfer nous deffende
Et à bonne mercy nous prende
        AMEN.

XIII.

DU CAPISTRE D'ARRAS.

Règlement touchant les chandelles estans allentour du corps d'un Confrère.

1281.

Universis presentes litteras inspecturis. J. prepositus R. Decanus totumque attrebatensis ecclesie capitulum salutem in Domino. Noveritis quod cum jam diu est esset et fuisset contentio inter nos necnon presbiteros parrochiales Decanatûs Christianitatis attrebatensis ex parte una, Maiorem et Confratres caritatis Beate Marie attrebatensis Ardentûm ex altera, super quatuor candelis cereis que circa corpora defunctorum dicte caritatis consueverunt apponi tandem de consilio proborum super premissis de consensu utriusque partis amicabilis compositio intervenit talis videlicet quod si contingat quod aliquis predicte caritatis decedat et non sit de caritate sancte Trinitatis clericorum attrebatensium, tunc de dictis quatuor candelis Reverendus pater dominus episcopus attrebatensis unam habebit, presbiter parrochialis dicti corporis et patronus unam, et alias duas residuas habebunt maior et confratres caritatis beate Marie attrebatensis ardentium predicte. Si vero contingat quod unum et idem corpus. sicut aliquando accidit, sit de caritate beate Marie attrebatensis ardentium predicta ac de caritate clericorum predictorum, tunc de dictis quatuor candelis fiet talis partitio, videlicet quod dictus dominus Episcopus attrebatensis habebit unam, presbiter parrochialis et patronus aliam, ut est dictum, maior et confratres predicte caritatis beate Marie attrebatensis ardentium tertiam, et maior et confratres caritatis clericorum predictorum quartam. Et si contigerit quod circa corpus predictum seu corpora predicta ponantur solummodo due candele ceree, de dictis duabus candelis dominus Episcopus unam habebit. Et si dictum corpus fuerit de duabus caritatibus predictis, tunc alia secunda candela inter presbiterum et patronum maiores et confratres caritatum predictarum pro equalibus portionibus partietur. Et si dictum corpus non extiterit de caritate dictorum clericorum, tunc illius secunde candele presbiter parrochialis et patronus habebunt tertiam partem, Maior et confratres dicte caritatis beate Marie attrebatensis ardentium duas partes. Sciendum est et quod si circa corpus seu corpora caritatis predicte beate Marie attrebatensis ardentium poni contingat erchiam seu aliud instrumentum in quo consueverunt apponi candele ceree, si sint inibi plures quam quatuordecim candele, tunc Maior et confratres predicte caritatis beate Marie attrebatensis ardentium quatuor candelas de dictis candelis erchie nec de melioribus nec de peioribus absque fraude habebunt cum portione sua in aliis candelis predicta, excepta erchia canonicorum et capellanorum ecclesie attrebatensis in qua nec in candelis existentibus in eadem nichil poterunt reclamare. Et ut premissa omnia et singula robur in futurum obtineant firmitatis presentibus litteris, sigillum nostrum una cum sigillo curie attrebatensis de utriusque partis consensu duximus apponendum. Datum anno Domini millesimo ducentesimo octogesimo primo, mense Junii.

Au verso. Cheste lettre parole de tel droit ke li carites Nostre Dame a es candelles de cors ki eskiette en le dite carite [1].

TRADUCTION DU DOCUMENT PRÉCÉDENT FAITE AU XIVe SIÈCLE.

Touchant le droit des estaveulx [2].

A tous ceuls qui ces presentes lettres verront ou orront J. Prévost R. Doyens et tous li capitles de l'eglise d'Arras, salut en nostre Signeur. Que comme ja piecha contemps entre nous et les prestres parochiaulz de le Dyéné de le crestienté d'Arras d'une part, et du maieur et confrères de le carité des Ardans de notre Dame d'Arras d'autre part, sur quatre candelles de cire que d'encosté les corps des trespassés ont acoustumé de mettre tant que en le parfin du conseil de boines gens sur les premisses du consentement de cascune partie amiable composition entrevint telle, cest assavoir que s'il advenoit que aucuns de le dicte carite trespassoit et ne soyt point de le carité de le saincte Trinité des clers d'Arras, adont des dictes quatre candelles Reverens pères en Dieu Monseigneur l'evesque d'Arras en ara une, le prestre parochiaulz dudict corps et patrons une, et les aultres deux aront li maires et confreres de le dicte carité de notre Dame des Ardans d'Arras. ITEM s'il avient que un et un moisme corps, ensi qu'il avient aucune

---

[1] Original en parchemin, aux Archives départementales du Pas-de-Calais.
[2] Flambeaux.

foys, soit de le carité notre Dame des Ardans d'Arras devant dicte et de le carité des clers devant dis adont des dictes quatre candelles fera telle particion, c'est assavoir que li des Reverens pères en Dieu Monseigneur d'Arras en ara une, li prestres parochiaulz et patrons l'autre, ensi que dit est, li maire e li confrere de le dicte carite de notre Dame des Ardans d'Arras le tierche, e li maires e confreres de le carité des clercs devant dis le quarte. Et s'il advenoit que selon le corps devant dit ou corps devant dis soyent mis tant seulement deux candelles de cire, des dictes deux candelles Monseigneur l'evesque en ara une. Et se ledict corps ara esté des deux caritez devant dictes, adont li aultre seconde candelle entre le prestre e patron, li maires et confreres des dictes carités pour equales portions se partira. Et se ledict corps n'ara point esté de le carité des dis clers, adont dycelle seconde candelle li prestrez parochiaulz e patrons aront la tierche partie, li maires e confreres de le dicte carité de notre Dame des Ardans d'Arras les deux pars. Il est assavoir aussi que se encosté le corps ou les corps de le dicte carité de notre Dame des Ardans d'Arras advenoit estre mis erche ou aultre instrument en quoy on aroyt acoustumé a mettre candelles de cire, cy soyent plus que quatorze candelles, adont li maire e confrere de le devant dicte carité de notre Dame des Ardans d'Arras quatre candelles des dictes candelles de l'erche ne des milleurs ne des pieures sans fraude aront avoec leur portion ens aultres candelles devant dicte, excepté erche de canonnes e de cappelains de l'église d'Arras en lequelle ne es candelles estans en ycelle ne porront riens reclamer ne demander. Et ad che que tous les pre-

misses e che que dit est se obliegnent en tamps a advenir ferme et estables, a cez presentez lettres nostre scel avec le scel de le court d'Arras du consentement de cascune partie avons mis. Donné en l'an de nostre Signeur mil deux cens quatre vings e un ou mois de Juing.
Datum per copiam sub signo manuali.   Collatio fit [1].

J. Despinoy.

[1] Original en parchemin, aux Archives départementales du Pas-de-Calais.

XIVe SIÈCLE.

XIV.

HOMMAGES DUS A L'ABBAYE DE SAINT-VAAST.

Vers 1315.

Primes li maires des menestres qui est pour lannée créés par les caritables dicelle carite de Nostre Dame des Ardans darras chacun an le jour de le rellation Sainct Vaast a heure de le grant messe dicelle eglise doit avoir le clef de l'huis de le capelle ou le candeille darras repost séant au petit marchiet acompaigniés des plus notables dicheulx caritables tous vestus et ordonés honnorablenemt des draps de livreo dicelle candeille donnés en iceluy an pour sollempnisier la dicte candeille ou daultres draps aveucques pluisieurs personnes honnestes telles que bon samble et aveucques eulx doibvent avoir pluisieurs menestres et grosses trompes de haus et bas instrumens aveucques les bannières devant les dicts mayeur caritables et aultres des susdicts. Lesquelles bannières en icelle année ont esté portées devant icelle candeille par les trois jours que on a acoustumé sollempnisier le dicte candeille et aussy aveucques iceulx doit estre ung notable homme commis et deputé par les maire et eschevins et communnaulté darras tenant sur sa main ung blancq coulon. Et en lestat dessusdit se doivent assambler en ung certain lieu ou ilz ont acoustumé.

Item tous les dessus ditz assamblés comme dit est

doivent venir dudit lieu dont ilz ont accoustumé et en tel cas de partie jusques a lentrée du chimentiere de sainct Vaast appellé le place Sainct Vaast au devant de le Court le Conte, et la doivent arrester sans entrer en la dicte place et terre Sainct Vaast jusques a tant que ilz ont envoyé par aucun deulx signefier au soucretain ou a aucun aultre Relligieux dicelle eglise qu'ilz sont venus.

Item en icelle signification ainsy faicte les prevost et soupprevost se ilz sont presens, et en leur absence aucuns honnorables Relligieux dicelle eglise revestus de aubes acompaignié des baillifz sergantz et officiers dicelle église chacun tenant une blancque vergue en sa main aveucques eulx deux Relligieulx dicelle église desquels l'un doit porter le croix et l'aultre l'yauwe benoitte doivent aller aux dessus dicts mayeur et caritables et aultres dessus nommez avant toutte venue et bien adviser se ilz sont entrés sur la dicte plaice et terre sainct Vaast. Et se ils y estoient entrés les doivent les dicts prevost et souprevost ou aultres Relligieulx en leur absence faire retraire hors dicelle terre. Et eulx estans hors, ledict prevost et en son absence ledit souprevost ou aultres Relligieulx ad ce commis en leur absence comme dit est, doibvent donner de l'yauve benoitte audict mayeur et aultres assistens.

Item ce fait, les dicts prevost et souprévost ou aultres Relligieux en leur absence ad ce commis comme dit est doivent prendre. C'est assavoir ledit prevost au dextre et le souprevost au senestre ledit mayeur et mettre en ledicte place et terre Sainct Vaast. Lequel mayeur doibt tenir en sa main en hault lever ledicte clef de l'huis de le capelle ou la dicte candeille repost adfin que chacun là estant puist icelle clef veir. Et ce fait tous aultres assistens lors aveucques ledit mayeur poeuvent entrer en icelle plaice et terre Sainct Vaast.

Item. Que tantost après doivent tous les menestres la estans jouer chacun de son mestier et de la aller tout jouant de leurs instrumens devant ledit mayeur portant la dicte clef en hault adfin que on le puist veir comme dit est qui doivent estre a dextre et senestre ledit prevost et souprevost ou aultres Relligieulx en leur absence comme dit est a la dicte église aveucques les dits caritables et les dessus dits commis des dits mayeurs et eschevins et communaulté darras qui doit pareillement porter sur sa main en hault ledit blancq coulon et aultres personnes honnestes qui doivent porter les aultres rentes deues audit jour a la dicte eglise aveucques ceulx quy y voeullent estre. Tous lesquelz ainsy ordonnez doivent aller jusques au grant autel dicelle eglise auquel doibt estre Mons. l'abbé dicelle église ou son commis en son absence notablement acompaignez daucuns prelatz estrangiers s'ilz sont la présens et aultres Relligieulx dicelle eglise, tous revestus de aubes cappes de soye et celluy qui doit dire la messe de casuble avecques le conseil bailly sergantz et officiers dicelle eglise et aultres gens notables.

Item le dict mayeur se doibt mettre a genoulx et chapperon hors du chief acompaignié et en lestat que dessus est dit. Et doibt la présenter la dicte clef dicelle cappelle audit Mons. l'abbé ou son commis en son absence estant audit grant autel acompaignies et revestus comme dit est. En disant a haulte voix adfin que on le puist entendre par luy ou par aucunes aultres honnestes personnes par lesdits mayeur et caritables ad ce commis.

Monseigneur l'abbé[1], li maire et caritable de le carité nostre Dame des ardans darras vous apportent et presentent ceste clef qui est de l'huis de le chappelle ou repost le candeille en recongnissant et confessant que ce est pour le huys d'icelle cappelle qui est ouvrant et cleant sur le treffons de l'eglise sainct Vaast. Et ce dit doibt baillier icelle clef en la main dudit monseigneur l'abbé ou de son dit commis Lequel monseigneur l'abbé ou son commis le doibvent recevoir et mettre sur l'autel dessus dit.

Item par la manieres dessus dicte doivent encoires payer et offrir les dessus ditz mayeur et caritables ung chierge pesant trente livres de cire au poix darras En recongnissant et disant que ce est pour ce que la dicte cappelle est ediflié et séant sur le treffons dicelle eglise et icelluy cierge doit recevoir ledit monseigneur l'abbé ou son dit commis et le délivrer ou faire délivrer au trésorier dicelle eglise au prouffit de le tresorie.

Item de rechief doibvent les dessusdits mayeur et caritables payer et offrir par la maniere dicte la representation de sainct Vaast et ung ours tous de chire du poix de six livres En recongnissant et disant Que c'est pour XL piedz de terre de long et XIIII piedz de lez séans ou petit marquiet d'arras ou treffons d'icelle eglise tenant a ladicte cappelle en allant vers le boucherie.

Sur laquelle plaice de terre les dits mayeur et caritables porront faire et ediffier une capelle quant il leur plaira sans aultre grace prendre a la dicte eglise par payant

---

[1] On retrouve ces formules d'hommages dans le Mss. n° 8541 de la bibl. nat., fol. 45 v.

chacun an par la maniere que dit est le dicte rente. Et lors le dit monseigneur l'abbé doibt recevoir les dictes representations. Et est la dicte chire au prouffit de le trésorie.

Et est assavoir que on a acoustumé lesdictes representations de sainct Vaast et de l'ours faire de bois très-bien et paindre aux despens diceulx mayeur et caritables.

Pour ce que on ne le saroit mye bien refaire chacun an de cire et demoeurent icelles représentationsa le dicte église jusques a l'aultre année enssuivant que iceulx mayeur et caritables le vont ou envoyent quérir pour faire chacun an ledit payement comme dit est. Et pour ce payent en chire audict trésorier les dictes six livres de chire chacun an.

Item que ce fait, ledit mayeur et aultres que en son nom a dit et prononchié les dictes parolles, et recongnut les dessus dicts droix et payer icelles rentes par la maniere devant dicte, doit requerir audit Monseigneur l'Abbé ou a son dit commis en son absence Que la dicte clef il vueille represter auxdits mayeur et caritables aux us et coustumes que autrefois on a acoustume a represter En rapportant icelle clef a l'année prochain enssuivant par la maniere dessus dicte. Et sans porter prejudice a aulcune des dictes parties. lequel Monseigneur l'Abbé ou son commis en son absence leur a acoustumé de represter ledicte clef et a eulx icelle bailler par les conditions et en le maniere dessus declairées.

Item tantost apres les coses ainsy acomplies ledict commis par les dessusdits mayeur et eschevins et communaulté d'arras tenant ledit blancq coulon sur sa main estant a genoulx et le chapperon osté de son chief doit payer et offrir au dessusdict Monseigneur l'Abbé ou son dict commis estant audit grant autel revestus et accompaigniés ledit blancq coulon par le maniere dessus declairé.

EN DISANT : Monseigneur l'Abbé, vechy ung blancq coulon que les maire eschevins et communaulté de le ville d'arras voù payent et envoyent pour le croix estant ou petit marquiet d'arras [1]. En recongnissant que icelle croix est ediffié et assisse ou treffons de l'eglise de sainct Vaast d'arras, et lors ledit Monseigneur l'Abbé ou son dit commis prent ledit blancq coulon et rechoit et en fait son plaisir.

ITEM que touttes les choses et sollempnités dessus dictes faictes par le manière et fourme dessus declariez, tous les dessus dicts mayeur et caritables commis par les dessus dicts mayeur eschevins et communaulté d'arras et tous aultres de leur compaignie, aveucques iceulx menestreurs chacun jouant de son mestier sen retournent et vont là ou bon leur SAMBLE [2].

XV.

RECONNAISSANCE DU MAYEUR DE LA CONFRÉRIE.

1320.

Jou Jaquemes Crespins maires adpresent de le carité

[1] « L'an 1313 (alias 1315), on fit faire, au milieu du petit marché, une belle et haute croix de grés d'une figure triangulaire ; c'est là où est le carcan de la ville. Elle offre tous les ans pour hommage un pigeon blanc à l'abbé de Saint Vaast. » *Mémoires* du P. Ignace, T. II, p. 124.

[2] Extrait du Cartulaire de l'Abbaye de saint Vaast, III° Partie, fol. LXVI. Archives départementales.

de le sainte Candelle Notre-Dame des Ardans d'Arras faic savoir à tous que jai eu et recheu del aumosne madame d'Arthois par le main Andrieu de Monchi son recheuveur lequele aumosne madite dame a ordoné a paiier a l'hospital Notre-Dame des Ardans quatre sols parisis de lequele somme de monnoie je ou nom dou dit hospital me tieng bien apaisés. Et en quitte boinement ma dite dame d'Arthois, son dit recheveur et tout leur remanans. Tesmoin de ce le bulle de le dite Carité mise à ces lettres. Donné l'an de grâce, M.III.ᶜ vint et trois, el mois de jenvier.

Sceau de cire jaune représentant la Vierge : il ne reste de la légende qui l'entourait que trois ou quatre lettres presque effacées [1].

XVI.

Lettres de la Comtesse Mahaut.

1320.

Nous Mehaut, comtesse d'Artois et de Bourgogne palatine et dame de Salins, faisons scavoir à tous ceux qui ces présentes lettres verront que nous pour le remède des ames tant de bonne mémoire de notre très-cher Seigneur et père Robert jadis comte d'Artois que de nous et de nos enfans, avons donné et octroié, donnons et octroyons en pure aumosne perpétuelle à l'hopital de Notre-Dame des Ardens d'arras au gouverneur et frères

---

[1] Original en parchemin, des Archives départementales.
On trouve des spécimens de ces sceaux dans la *Sigillographie de la ville d'Arras*, par A. Guesnon, p. 25, pl. XII.

d'iceluy vingt sols parisis de rente annuelle et perpétuelle a iceux prendre et avoir chacun an sur notre petit tonlieu d'arras, voulons aussy et ordonnons que le receveur des dits tonlieux soit tenu de payer chacun an à la feste de la Toussains aux devant dits gouverneur et frères les dessus dits vingt sols parisis pardurablement sans sur ce de nous attendre autre quelconque mandement, lequel tonlieu et receveur d'iceluy à ce nous obligeons spécialement et expressément, en témoin de laquelle chose nous avons fait roboror ces presentes lettres par l'appension de notre scel. Donné et fait le 12ᵉ jour de décembre, l'an de notre salut 1320 [1].

XVII.

NOUVELLES ADDITIONS AUX STATUTS DE LA CONFRÉRIE.

1338.

(Il y a ici une lacune dans le manuscrit [2]).

. . . . , , ... office, tout tel que li dis Jehan Vassaus le faisoit, u avoit faire, u devoit faire, entièrement le feroit tout le cours de le vie le dit Jehan Vassal. Et avoec ce estoit et est li dis Robers Cosses Dupré tenus de rendre et paijer depuis le dit joesdi au dit Jehan Vassal, tant et si longement qu'il ara le vie u cors, cascune semaine, IIII s. parˢ. Et u cas u li dis Robers défauroit à paijer au dit Jehan IIII s. le semaine, I mois défali, tous mais gis hors Li dis Je-

---

[1] Mss. du cabinet de M. Laroche qui donne cette pièce, comme ayant été tirée « *page 112 du Registre intitulé* CARTULAIRE DE PLUSIEURS TITRES *de la Carité de Notre-Dame des Ardens à Arras* ».

[2] Mss. n° 8541 de la Bibliothèque nationale.

hans Vassaus doit revenir en sen propre service et goir ent en autel point comme il faisoit audit jour S^t. Thumas. Et le dit Robert sourvivant le dit Jehan [Vassal], li dis Robers demouroit goans et possesseur. . . . . , . . l'office et service dudit Jehan Vassal, ... de paijer les dis ·IIII·s· le. . . . . . . Robert Cosset entre u dit office Jehan Vassal. . . . . . trespasse, li dit Robers est tenus à le dite carité en ·X·lb· de par^s· à paijer es ·IIII· premiers ans, commenchans tantost après le déchiès dou dit Jehan Vassal, à rabatre tout premiers de sen service. A çou furent présent : Jehans dis Fouée, lieustenant de Jehanot de   , maieur des jougleurs ; Jaquemes Wyons, maires adont des bourgois ; Pieres Wagons ; Jehans Crespins ; Jakemes Crespins ; Jehans Huquedieu ; Jaquemes li Anstiers ; Jehans de Courcheles ; Joziaus Fastous ; Henris Wyons ; Jehans li Maires ; Colars Huquedieu ; Andrieus li Maires ; Johans Fastous ; Jehans de Basqueham ; Andrieus de Paris ; Colars Augrenon ; Mahieus Cosses li fix ; Andrieus Bechons ; Lyebers de Furnes ; Colart Wagons ; Esthevenes de Labroie ; Pieres Acharios ; Jehans Dubus ; Touderes ; Baudes Aurris ; Willaumes de le Place ; Jehans de l'Escace ; Jehans li Grans ; Colars de Cambrai ; Andrieus de Fampous ; Leurens li Maires ; Colars de Dievart ; Robers li Marchans ; Jehans de le Vignete ; Rogiers Dureteste ; Tassars ses fix ; Pieres li Contes ; Jehans li Contes ; de le Warance ; Jehans de le Conte ; Jaquemes des Patines, boullenghiers ; Gilles li Terceres.

Il est à savoir que Willaumes de Bairy, al issue de se

mairie, qui issi le lundi prochain après le Saint Martin c'on dist au boullant, en l'an de grace ·M-III^c-XXX-VIII·, bailla et délivra en le main de Colart Augrenon, nouvel maieur, les lettres faisant mention de Robert de Caveron, unes de Mons· Jehan de Flandres, et unes de le baillie d'Arras, toukans deniers qu'on doit à le carité.

Et est encore à savoir que furent bailliet à Colart Augrenon, nouvel maieur des bourgois, en le présence de de Jehans Camus d'Orreville, adont maieur des jougleurs; Fouwée, jougleur; Jehan Crespin; Jaquemon Wyon; Jehan Louchart; Henry Wyon; Mahieu Lanstier; Baude Fastoul; Esthevene le fo. . . . . Huart Biauparis; Audefroy Louchart; Andrieus le maieur; [Jak. Baclerot]; Mahieu Cosset; Englebert Louchart, adont [maieur des bourgois]; Robert le Cheval; Tassart Calonne; Tassart. . . . . s d'Arras, cauceteur; Jehan de Bairy. . . . , Gillon Crespin; Mahieu Carée; Andrieus de Paris; Andrieus de Fampous; Huart le nicullier; Gillon le tercheur de le bourze d'or; Robert de Fisseu; Thibaut de Pernes; Jehan le Grant et pliusieurs autres. Et fu le lundi prochant après le Saint Piere. . . . . en l'an de grace M-III^c-XXX-VIII·.

Et fu u dit jour renouvelé et acordé en le présence des dis esquevins et maieurs, que étant li service de le dite carité, quel que il soient sont admis tout de commun acort des maieurs et des esquevins, sans ce [que] li maires qui sera pour le tamps y puist riens [avoir fors] se vois tant seulement.

Item. Fu acordé u dit jour que li contes doudit Willaume fu rendus, que li maires des jougleurs, li jougleurs, li clers, li grant serjant, li petit serjant, et les femes qui sont à le maladie ne poéent ne ne doivent aler hors de le ville plus d'un jour, que ce ne soit par l'ascantement et congiet dou maieur des bourgois ; et quiconques y croit, il perderoit sen salaire de tant de jours, de semaines u de mois qu'il demourroit.

XVIII.

CHARTE DE PHILIPPE D'ARBOIS, ÉVÊQUE DE TOURNAY,
relative au Saint-Cierge de Lille.

1376.

Universis presentes litteras inspecturis, Philippus Dei gratiâ Tornacensis episcopus, salutem in Domino sempiternam. Noveritis nos litteras felicis recordacionis Domini Innocentii divinâ providente clementiâ Pape VI, in fllis cericis more Romane curie ut primâ facie apparebat bullatas, sanas et integras, non viciatas non cancellatas, sed omni prorsùs vicio et suspicione carentes, vidisse, tenuisse, inspexisse ac de verbo ad verbum legisse tenorem qui sequitur continentes. — *Innocentius* episcopus servus servorum dei ad futuram rei memoriam, tenorem quarumdam litterarum nostrarum in registro nostro sumptum ad dilectorum filiorum scabinorum communitatis ville Insulensis, Tornacensis dyocesis, supplicationis instantiani, de registro ipso ex eo quod sicut accepimus dicte originales littere casu fortuito sunt omisse, de verbo ad verbum transcribi et presentibus annotari facimus qui talis est. — *Innocentius* episcopus servus servorum dei universis Christi fidelibus presentes litteras inspecturis salutem, et apostolicam benedictionem. Racioni congruit et convenit honestati, ut ea que de benignitate Romani Pontificis processerunt, licet ejus superveniente obitû, apostolice littere super illis minimè sint confecte, suum sortiantur effectum ; dudùm si quidem, felicis recordacionis Clementi pape VI predecessori nostro, exposito, quod olim dilecti filii scabini et communitas ville Insulensis, Tornacensis dyocesis, quandam capellam in honore et sub vocabulo beate Marie virginis gloriose infrà parrochiam ecclesie sancti Stephani ville predicte edificari et construi canonice fecerant, in quâ quidem capellâ, quedam *Candela cerea vocata Candela virtutum* que in eâdem villâ in honore dicte Virginis a longo tempore fuerat et tunc etiam existebat, ad quam capellam multi infirmi tàm clerici quàm laici pro sanitate recuperandà cum devotione accedebant et ibidem miraculosâ intercessione ejusdem gloriose Virginis restituebantur pristine sanitati, venerabiliter recludebatur et conservabatur. Idem predecessor cupiens ut capella ipsa congruis honoribus frequentatur et ut Christi fideles eo libentiùs causâ devocionis accederent ad eandem quo ibidem uberiùs dono celestis gracie conspicerent se refectos, de omnipotentis Dei misericordiâ et beatorum Petri et Pauli apostolorum auctoritate confisus, omnibus verè penitentibus et confessis qui in singulis quatuor principalibus festivitatibus ejusdem gloriose Virginis capellam ipsam devotè visitarent annuatim, unum annum et quadraginta dies de injunctis eis penitentiis singulis scilicet ipsarum festivitatum diebus quibus capellam eandem visitarent, ut presertim videlicet VII Kalendas marcii, pontificatûs ejusdem predecessoris anno sexto misericorditer relaxavit ; verùm ne pro eo quod super hujus modi relaxatione ejusdem predecessoris littere, ipsius superveniente obitû confecte minimè extiterunt de relaxatione ipsâ............ volumus et apostolicâ auctoritate decernimus quod presentes litteras ad probandum plenè relaxationem eandem ubique............ nec ad probationis alterius............ regni. Nulli ergo omnino homini liceat hanc paginam nostre voluntatis et constitutionis infringere vel ei ausû temerario contraire : si quis autem hoc attemptare presumpserit indignationem omnipotentis Dei et beatorum Petri et Pauli apostolorum ejus se noverit incursurum. Datum Avinione XV Kalendas februarii, pontificatûs nostri anno primo. Per presentes vero litteras visitantibus dictam capellam non intendimus indulgentiam de novo concedere, sed volumus quod de premissis fides et certitudo providè habeatur ac si predicte originales littere apparerent. Nulli ergo omnino homini, etc. Datum Avinione II nonas novembris, pontificatûs nostri anno quinto. — Post quarum quidem litterarum predictarum inspectionem pro parte dilectorum nobis in Christo filiorum scabinorum et communitatis ville Insulensis nostre diocesis, nobis fuit humiliter supplicatum quatenûs omnibus verè penitentibus et confessis, qui in die processionis capelle de quâ in suprascriptis litteris habetur mencio specialis et per octabas ejusdem ac omnibus ac singulis diebus festivitatum majorum beatissime et gloriosissime Virginis Marie ac per octabas earumdem, singulis diebus dominicis et festivis ad dictam capellam in humilitatis spiritù et devocionis causâ personaliter accederent divinumque officium ibidem audirent ac processionem que singulis annis in dominicâ secundâ post festum sanctissimi sacramenti ab antiquis temporibus fieri consuevit, devotè secuti essent piasque eleemosynas de bonis sibi a deo collatis, ipsi capelle ad opus fabrice, luminaris et ornamentorum ac aliorum necessariorum ejusdem conferrent, quotiens hec facerent, quadraginta dies de injunctis sibi penitenciis misericorditer dignaremur in Domino relaxare. Nos igitur dicto supplicacioni favorabiliter inclinati, de omnipotentis Dei misericordiâ, beatissime ac gloriosissime Virginis Marie genitricis ejus, sanctorum ac sanctarum meritis et intercessionibus confisi, dictam supplicacionem admisimus et admitti curavimus per indulgenciam et prout petite et supplicate fuerunt et sunt, concessimus ac concedimus per presentes; quibus in testimonium premissorum ad perpetuam rei memoriam, sigillum nostrum duximus apponendum. Datum Tornaci die XXIII mensis aprilis anno Domini millesimo trecentesimo septuagesimo sexto.

Contresigné sur le repli, *Daniel* [1].

[1] Original sur parchemin in-folio, du cabinet de M. Ach. Gentil, juge au Tribunal civil de Lille.
·· *La Confrérie de N.-D. des Ardents,* par M. de Linas. p. 80.

XIX.

NOUVELLES ADDITIONS AUX STATUTS DE LA CONFRÉRIE.

1383.

xx

Item[1]. Fu accordé ou mois de May ·M-CCC-IIII-et-III·, en le salle de le carité du joyel, ou quel tamps maistre Oudars estoit maires des menestreus, et Jehans Mehaut dis Douchet étoit maires des bourgois, présents Will· Wagon, Simon le [Corréars], Englebert Louchart, Jehans Cosset, le dis Jehans Mehaut et pliusieurs autres jadis maieur des bourgois, que toutes fois qui venroit aucun malade au joyel, li maire des menestreus seiroit servis à l'autel de sen compaingnon, s'il y estoit; et, s'il n'y estoit, des sergans de le carité. Et ou cas que li maires des menestreus aroit sen compaignon à l'autel, il fu ordené que il y aroit un des sergans de le carité [d'en costé yaus] pour veir à l'autel.

(Tout ce qui suit, 49e feuillet du manuscrit, se trouve très-gravement endommagé. La lecture en est extrêmement pénible.)

Et si doivent li mayeur et li eschievin de le carité faire le service du vesque Lambert cascun an au jour demi May.

Et s'est concordé en plain plait ke nus ne soit eskievins tant k'il doive se morte main de plus de III· ans.

Et ke [nus maires des] menestreus ne puist aler à tout le tourne [k... aval le prayel].

[1] Mss. n° 8541 de la Bibliothèque nationale.

Et ke nus ne soit payés de dete ki soit faite, s'il ne se fait payer en l'anée du maiieur qui dont sera.

Et que nus ki soit en le carité [comme de forain] ne soit eskievins de Nostre Dame. Et fu acordé au tans [ke ert] Lenormant [fil Simon].

Chi sont les drois des entrées tant à Nostre Dame, comme au maieur et à le [maignie] :

Et prumiers l'entrée du bourgois ou bourgoise de [·XIII· d·] apertient au droit du maieur et non à un autre.

Item. Des entrées des nobles de ·XIII· blans, apertient au maieur ·IIII· blans, à le maignie Nostre Dame ·III· blancs, à Nostre Dame VI. blancs.

Des entrées foraines de ·XII· blans, apertient au maieur ·III· blans, à le maignie ·III· blans, à Nostre Dame ·VI· blans.

C'est le serement que fait le maieur de dedens en le main de sen compagnon devant les maieurs des bourgois :

Et prumiers qui gardera le droit de Nostre Dame et de le maignie.

En outre fait serement que l'anée qui sera dehors chantant, ne poet ne doit que ·XIIII· lieues aller chanter arière d'Aras.

Item. Peut si lui plet chanter en une bone vile toute sen anée, devant tous autres que que soient, moiennant que eu celle cité devant ditte [ne pora chanter que le ·IIII· anée en suivant].

XV° SIÈCLE.

XX.

LETTRES DE PHILIPPE DE BOURGOGNE.

1401.

Philippe, fils du Roy de France, duc de Bourgogne, comte de Flandre et d'Artois et de Bourgogne, palatin sieur de Salins, comte de Rhétel et seigneur de Malines, à nos amés et féaux conseillers thrésoriers et généraux gouverneurs de nos finances maître Jean de Nielles et Josiau Flippe salut et dilection. Les mayeurs et confrères de la chandelle d'arras se sont tirés par devant nous et nous ont dit que de la ditte Confrairie dont nous sommes parmy un franc par an d'arras pour arrérages, cette rente aurait compris la somme de douze francs en nous supliant que de ce paiement et satisfaction veuillons faire pour quoy nous désirons par cette être acquité, vous mandons que par Jean Chosart commis à notre recette générale vous icelle somme de douze francs faites bailler et délivrer au mayeur de la ditte Confrairie en prenant sur ce de luy lettres de quittance par lesquelles raportant avec ces présentes voulons la ditte somme être allouée a comptes et rabbatue de la recette dudit Jean sans contradit par nos amés et féaux les gens de nos comptes à Dijon, nonobstant que autrement ne appert que soions de la dite Confrairie ni autrealment mandement ou deffenses a ce contraire. Donné au dit lieu d'arras le 12ᵉ jour d'aoust, l'an de grâce mil quatre cent et un. — Plus bas écrit : par Monsieur le Ducq et scellées d'un scel de cire rouge pendant à simple queue [1].

XXI.

FONDATION FAICTE PAR JEAN DE SACQUESPÉE

d'une messe quotidienne et perpétuelle à la Chapelette de la Saincte-Chandelle, à l'heure de huict heures.

1421.

Universis presentes litteras inspecturis Martinus miseratione divinâ Atrebatensis episcopus salutem in filio Virginis gloriosæ. Benigno sunt illa concedenda favore per quæ fidelium crescat devotio et cultus augeatur divinus. Cum itaque *honorabilis vir Joannes Sacquespée,* burgensis villæ Atrebatensis, noster subditus spiritualis, consiliarius illustris principis Domini ducis Burgundiæ comitis Flandriæ et Arthesiæ, receptorque generalis subsidiorum ex parte dominii nostri regis in comitatû Arthesiæ propter guerram ordinatorum, nuper nobis exposuerit, quod ipse per Dei gratiam devotione motus ad honorem et reverentiam Domini nostri Jesu Christi, beatissimæ Mariæ virginis ejus genitricis patronæ nostræ, omniumque sanctorum et sanctarum, exaltationem sacrosanctæ fidei nostræ christianæ et augmentationem servitii divini, vult et intendit, nostris tamen authoritate

[1] Manuscrit du cabinet de M. Laroche.

et assensû super hoc intervenientibus, fundare et ordinare quandam perpetuam capellaniam valoris annui et perpetui redditùs quadraginta librarum parisiensium monetæ currentis in patriâ Arthesiensi, in mercantiis, per corpus et communitatem dictæ villæ Atrebatensis, quatuor terminis in anno, videlicet festis beati Joannis Baptistæ, Sancti Remigii in capite octobris, Nativitatis Domini nostri et Resurrectionis ejusdem, in quolibet festo decem libras solvendarum et reddendarum realiter et ad plenum omnique fraude cessante capellano ejusdem capellaniæ. Quæquidem villa Atrebatensis ac ejus communitas propter hoc habuerunt a dicto Joanne Sacquespée quartam partem cujusdam juris aut emolumenti vulgariter ac communiter nuncupati *Fouée,* nuper cursum habentis in dictâ villâ ac banlileuca ejusdem villæ, et ad ipsum Joannem pertinentis, dictamque partem hujusmodi emolumenti pro fundatione et ad opus fundationis ejusdem capellaniæ, præfatus Joannes Sacquespée intervenientibus auctoritate ac consensu dicti illustris principis Domini ducis Burgundiæ, Flandriæ et Artesiæ comitis, eisdem villæ et communitati dimisit et reliquit. Cujusquidem perpetuæ capellaniæ capellanus *quâlibet die missam celebrabit ac celebrare tenebitur horâ octavâ* tam in estate quàm hyeme, in capellâ materiali sitâ in parvo foro dictæ villæ Atrebatensis, in quâ capellâ existit Candela seu *Jocale* villæ Atrebatensis prædictæ, aut in aliâ capellâ quam præfatus Joannes Saquespée edificari ac construi facere intendit, junctâ dictæ capellæ ipsius Jocalis, à nobis tamen super hoc obtentâ licentiâ, ipseque capellanus dictæ capellaniæ per se et non per alium eidem capellaniæ deserviet, nisi tamen infirmitate fuerit occupatus, in quo casù dictæ capellaniæ faciet per alium presbyterum à nobis super hoc approbatum sufficienter deserviri : liberabit etiam et ministrabit capellanus ipse pro servitio divino ad causam dictæ capellaniæ faciendo, clericum, panem, vinum et luminare. Et si contingat defectum in servitio dictæ capellaniæ in futurum evenire, quin quolibet die missa in dictâ capellâ celebretur, in casu hujus modi pro quolibet die, dicto defectû durante, honorabiles viri Maior et Scabini villæ Atrebatensis predictæ, de licentiâ et aucthoritate nostris, seu vicariorum nostrorum nobis absentibus, petitis et obtentis, sequestrabunt aut facient sequestrari pro quolibet die, duos solidos parisienses convertendos auctoritate quâ suprà, ad missas celebrandas celebrari ut prefertur omissas; quæquidem sequestratis hujus modi deducetur à dictâ summâ quadraginta librarum cum capellano eandem capellaniam tunc possidente, ac similiter dum capellania ipsa per mortem aut aliàs vacabit, dicti Maior et Scabini ex nostris auctoritate et consensù predictis, deserviri facient expensis et sumptibus capellani ejusdem capellaniæ et in deductionem summæ quadraginta librarum predictæ, videlicet pro quolibet die duos solidos, monetæ predictæ solvendo. Insuper capellanus dictæ capellæ predictus, ejus sumptibus et expensis dùm et prout opus fuerit retineri facere tenebitur omnes vestes seu omnia ornamenta ad eandem capellaniam pertinentia. Quantùm vero ad collationem et præsentationem dictæ capellaniæ dum vacabit, præfatus Joannes Sacquespee et post suum decessum ejus hæres ad eandem capellaniam præsentabunt nobis aut successoribus nostris capellanum sufficientem et idoneum, cui sic præsentato, nos aut nostri successores eandem capellaniam pleno jure conferemus aut conferent. Post decessum vero Joannis Sacquespee et ejus hæredis prædictorum, dictæ capellæ collatio dùm vacabit nobis aut successoribus nostris episcopis Atrebatensibus venerabilibusque viris fratribus nostris, præposito, decano et capitulo ecclesiæ nostræ Atrebatensis patronis loci in quo ut præfertur, dictæ capellaniæ deservietur, pleno jure alternativè pertinebit et spectabit; proviso tamen quod nos episcopus præfatus primam collationem pleno jure habebimus et post modum dum ipsa capellania vacaverit seu vacabit, ejus collatio ad nos dictosque præpositum, decanum et capitulum alternatis vicibus ut præfertur pertinebit; ipse que Joannes Sacquespee tandem nobis supplicaverit quatenùs dictam capellaniam ac ejus fundationem suprà tactam, laudare, approbare, ratificare et nostrâ auctoritate ordinariâ confirmare vellemus. Notum facimus quod nos episcopus præfatus premissis attentis, habitâque super ipsis maturâ deliberatione cum peritis, nos volentes et cupientes dictum cultum divinum augeri, ac eundem Joannem Sacquespee in suo bono ac laudabili proposito confovere, fundationem dictæ capellaniæ suprà tactam, modo, formâ et sub conditionibus prædictis laudamus, ratificamus et approbamus nostrâque auctoritate ordinariâ prædicta ad perpetuam rei hujus modi memoriam confirmavimus ac confirmamus, ac etiam capellam prætactam et in loco supradicto, ut premittitur, construendam, auctoritatem et licentiam concessimus et concedimus per præsentes. Jure tamen nostri episcopi nec dùm prædictorum fratrum nostrorum præpositi, decani et capituli præfatæ ecclesiæ nostræ Atrebatensis patronorum dicti loci ac cujuslibet alterius in omnibus et per omnia semper salvo, in quorum præmissorum omnium et singulorum testimonium atque fidem presentibus litteris inde confectis et concessis sigillum nostrum duximus apponendum. Datum Atrebati in hospitio nostro episcopali, die nonâ mensis martii, anno domini millesimo quadringentesimo vicesimo primo antè Pascha.

Lesdites lettres signées sur le reply *per dominum episcopum* signé *Bruneti*, et scellé d'un scel en cire vermeille en partie brisé auquel appendent lacs de soye [1].

XXII.

RAPPORT FAIT A LA PRÉVOTÉ DE BEAUQUESNE
Relativement au « droit des estaveulx. »

1434.

A honnorable et saige mon chevalier sire et maistre le prévost de Beauquesne ou son lieutenant, Pierre Cossart dict Morlet sergent du Roy nostre sire en la dicte prévosté de l'ordonnance d'Artois, et le votre submis et apparillié à tous vos bons plaisirs. Chevalier sire et maistre plaise vous savoir que par vertu de la commission et complainte en cas de saisine et de nouvellité parmi lequelle ceste moye relacion est annexée. Et pour icelle entériner à la requeste des maieurs et confrères de la carité des ardans de nostre Dame d'Arras impetrans de la dicte commission et complainte le XXIe jour de

[1] Registre Thieulaine, fol. 81, v. — Inventaire chronologique des Chartes de la ville d'Arras, p. 213.

novembre l'an mil IIII^c XXXIIIJ me transportay en la ville d'Arras par devers et a le personne de messire Robert le Lievre prêtre nommé en la dicte commission et complainte, lequel présent justice de la dicte ville d'Arras et aultres gens, je adjournay a estre et comparoir pardevant moy au lendemain a heure de deux heures aprez disner en l'eglise paroissial de saint Aubert audict Arras ou au plus prez dilec pour tous lieux contempcieux contenus et declairez en la dicte complainte, alencontre des dicts complaignants ou de leur procureur pour la oir et recepvoir tous les commandements contenus et déclairez en la dicte commission et complainte et que par vertu d'icelle luy porroie et deveroie faire remettre et obeir a iceulx ou soy y opposer s'il cuidoit que bon fust et en ce et ou surplus la dite complainte veoir enteriner selon sa teneur. Auquel jour de lendemain qui fut XXIIe j. dudict mois de novembre me transportay au devant et conjoingnant du portal et entrée de la dite eglise de saint Aubert a ladicte heure de deux heures après disner, ouquel lieu tantost vinrent et comparurent par devant moy Ricart Pinchon ou nom et comme procureur desdicts complaignants, souffisamment fondé par lettres de procuration faictes soubz le scel aux causes de la dicte ville d'Arras, acompaingnié de Estène Cretel l'un des maieurs, Miquiel Lanstier, Colart Lanstier, Jehan Hernier, Jehan Belot et aultres confrères de la dicte carite d'une part, et le dict messire Robert le Lièvre en sa personne d'autre part. Requerant le dict procureur oudict nom a avoir l'enterinement de la dicte complainte et sur ce après la lecture de la dicte complaincte maintins et garday de par le Roy ledict procureur oudict nom espossessions et saisines déclairés en la dicte complainte et fist audict messire Robert tous les commandements contenus et déclairez en la dicte complainte, et que par vertu d'icelle lui porroie et devoit faire — Lequel respondi que le cherge ouquel les dicts complaignants par la dicte complainte maintenoient avoir droit et disoient le dict messire Robert avoir emporté, il avoit prins pour conservacion des drois de ceulx ausquelz il appartenoit et non point pour a luy ne a ses maistres simplement voloir attribuer. Pour ce meismement que un soy disant commis pour le dicte complainte voloit tout icelluy cherge a luy apprehender offrant icelluy messire Robert le dict cherge en effect pour estre parti et delivrez, est assavoir les deux pars ausdicts complaignants, et le tierce audict messire Robert pour et ou nom des curé et patron de la dicte eglise Saint Aubert. Lequel cherge alors je prins et le partis en trois parties, l'une desquelles je baillay et delivray audict messire Robert et les deux aultres audict procureur oudict nom. Et ce fait protesta ledict procureur ou nom que dessus de poursievir ou surplus le dict messire Robert pour ses négligences et aussi pour les intérest desdicts complaignants, et ledict messire Robert protesta du contraire. Et plus avant nay procédé en ceste besongne sy voie au surplus votre saige et pourveue discrétion que bon en est a faire. Chier sire et maistre que vous certifie estre vray par ceste mienne relacion sceller de mon scel faite et escripte l'an et vingt deuxiesme jour de novembre dessus dict [1]. —

[1] Original en parchemin, des Archives départementales.

XXIII.

LETTRES RELATIVES A LA PROCESSION DU SAINT-CIERGE.

1477.

A tous ceux qui ces présentes lettres verront, Echevins de la ville d'Arras, salut. Scavoir faisons par devant nous est venu et comparu en sa personne Jean de Beaumont, procureur receveur, en soÿ faisant fort des maÿeurs et caritables de la carité de Dieu et de Notre-Dame qu'on dit des Ardens en cette ville d'Arras disant que sur la requête naguères par lui et au nom que dessus faite a vénérables et discrets seigneurs Messieurs du Chapitre de l'Eglise Notre-Dame d'Arras a ce que leur bon plaisir fust de donner leur accord et consentement que la pourchession qui se fait chacun an le jour du St-Sacrement a ladite eglise par lesdits caritables en apportant et raportant la Chandelle d'Arras que on dit des Ardens, et deux grans cierges de cire pesans ensemble cinquante livres de cire que doivent chacun an porter a ladite pourchession et offrir au parvis du grand portal de la dite eglise au-devant de l'une des flertes d'icelle eglise qui se met audit parvis d'iceluy portal sur un autel de bois portatif d'icelle église au prouffit et utilité de la fabrique de ladite église, selon les droits, observances et compositions anciennes, de toute ancienneté faites et passées entre les prélats évêques d'Arras, prévost, doyens et chapitre de ladite église, et maÿeurs et confrères qui ont été de tout tems en ladite ville d'Arras de ladite confrairie que on dit des Ardens, fut depuis ledit jour dudit Sacrement en avant a perpétuité commuée et transférée au Dimanche prochain, après les octaves dudit jour du Sacrement, afin que lesdits caritables et autres plusieurs puissent dorénavant aller et faire leurs devotions ledit jour du Sacrement en leurs eglises paroissialles, même accompagner le *Corpus Domini* qui se porte iceluy jour aux pourchessions, ce qu'ils ne peuvent et pouvoient bonnement ni si devotement faire au moyen de l'empechement qu'ils ont et avoient à cause de la pourchession que ils faisoient ledit jour et pour plusieurs autres raisons pour ce par ledit de Beaumont au nom que dessus alléguées et remontrées auxdits de chapitre a été et est advisé accordé et appointé par lesdits sieurs. Le chapitre a mure délibération a pris sur ce conseil et avis et sans prejudice a icelle des parties, que ladite pourchession se fera dorénavant par lesdits caritables de an en an le dimanche après les dites octaves en la manière accoustumée de tous tems et que dessus est accordé et déclaré en apportant, payant et délivrant aux dits de chapitre au prouffit de la fabrique d'icelle eglise d'Arras par lesdits mayeurs et confreres les deux cierges de cire pesans ensemble cinquante livres comme dessus est déclaré chacun an par eux dus à ladite église en reportant par iceux confreres ladite Chandelle et Joyel ainsy que dessus est requis à quoy faire et fournir ledit Beaumont au nom et soy faisant fort que dessus a submis et obligé submet et oblige tous les biens et heritages de ladite carité, si comme tout ce que ledit procureur au nom que dessus a dit et reconnu pardevant nous. En témoin de ce avons mis le scel aux contents de la dite ville à ces lettres qui furent faites et données le deuxième jour de juin, l'an mil quatre cens soixante dix sept [1].

XXIV.

LETTRES DE *Vidimus*

de la Charte de 1133 reproduite en 1241,
sous le Pape Sixte IV.

1482.

In nomine Domini, Amen.

Tenore hujus presentis publici instrumenti cunctis pateat evidenter et sit notum, quod anno ejusdem Domini millesimo quadringentesimo octuagesimo secundo, indictione decimâ quinta, mensis vero..., die..., pontificatus sanctissimi in Christo patris et Domini nostri Sixti divina providentiâ Papa quarti anno duodecimo, in nostrorum notariorum publicorum testiumque infra scriptorum ad hoc specialiter evocatorum presentia, propter hoc specialiter constitutus honorabilis vir Joannes de Beaumont alter Scabinorum ville Libertinensis [2] prius Atrebatensium litterarumque Chartarum et rerum ad confratriam ob illius candele miraculose transmissionis memoriam institutam pertinentium, in modum porrexit et exhibuit quasdam litteras pergameni, quinque sigillis in cerâ viridi cum duplicibus caudis pergameni impendentibus

---

[1] Mss. du cabinet de M. Laroche.
[2] Louis XI, ayant pris la ville d'Arras en 1477, lui donna le nom d FRANCHISE qu'elle conserva jusqu'à la fin de l'année 1482.

sigillatus, in charta scriptura et sigillis sanas et integras, non vitiatas non cancellatas, non abrasas, ant quovismodo suspectas, sicut primâ facie apparebat, in quarum inferiori margiâ litterarum, depinguntur sex circuli secundum morem antiquam figurati, sub quorum quolibet circulorum, sexto saltem excepto, est appensum unum sigillorum predictorum et in quolibet circulo scribitur cujus est ipsum sigillum seu illius impressio, sicut infrâ denotatur, litterarum vero pretactarum tenor de verbo ad verbum sequitur in hunc modum.

Suit le texte de la Charte d'Alvise : Quidquid sub sole agitur.

Datum hujus transcripti anno Domini millesimo $CC^o\ XL^o$ primo, mense maio. — In primo quidem circulorum predictorum in fine litterarum depictorum seu in ejus circumferentiâ, sic scribitur : sigillum beate Mariæ Ardentium Atrebatensium ; in secundo circulo scribitur : sigillum Majoris et joculatorum Atrebatensium ; in tertio circulo scribitur : sigillum conventûs sancti Vedasti Atrebatensis ; in quinto (*sic*) circulo scribitur : sigillum Prioris ordinis Predicatorum Atrebatensium ; in sexto et ultimo circulo scribitur : sigillum Ministri Fratrum minorum Atrebatensium.

Quas quidem litteras prescriptas seu illarum tenorem nos notarii predicti, ad instantiam et requestam predicti Joannis de Beaumont de verbo ad verbum transsumpsimus presensque transsumptum alienâ manû nobis seu altero nostrum ad hoc attendente, fideliter scriptum, inde fecimus : de ipsoque presenti transsumpto ad predictas litteras originales collationem diligenter fecimus; per quam ipsum transsumptum cum eisdem originalibus litteris penitus et omnino concordari comperimus, nil addito vel mutato quod facti substantiam mutet, aut variet intellectum, et ideo ipsum subscripsimus nostrisque signis publicis solitis et consuetis quibus uti consuevimus signavimus seu munivimus.

Acta fuerunt hec in civitate Libertinensi in domo venerabilis et discreti viri Joannis de Rubempre archidiaconi et canonici Libertinensis quondam Atrebatensis in claustro dicte ecclesie sitâ, sub anno, indictione, mense, die et pontificatû prescriptis, presentibus ibidem discretis viris domino Joanne Farvaque presbytero, dicte ecclesie perpetuo capellano, et Joanne du Toisson in curiâ episcopali Libertinensi causarum procuratore, testibus ad premissa vocatis specialiter et rogatis.

Ego Joannes Lostelier, clericus Ambianensis diocœsis, in decretis baccalarius, auctoritate apostolicâ publicus et curie opiscopalis Libertinensis prius Atrebatensis predicte juratus notarius, litterarum originalium prescriptarum exhibitioni, presentationi transcripti indè, fiendi requisitioni, ipsius transcripti ad dictas litteras collationi, ceterisque premissis omnibus et singulis, dum sicut suprâ scribuntur, dicerentur, agerentur et fierent, unâ cum notario publico subsignato atque testibus prenominatis presens fui et ideo presenti publico instrumento sive transsumpto alienâ manu fideliter scripto indè confecto signum meum solitum hic me manû propria subscribentem premissorum, requisitus et rogatus. Sic subsignatum *Lostelier*.

Ego Joannes de Houdaing, clericus Libertinensis, publicus auctoritate apostolicâ et curie spiritualis Libertinensis prius Atrebatensis predicte juratus notarius, litterarum originalium, prescriptarum exhibitioni, presentationi transcripti inde faciendi requisitioni, ipsius transcripti ad dictas litteras originales collationi ceterisque premissis omnibus et singulis dùm sicut supra scribuntur, dicerentur, agerentur, et flerent unâ cum notario supra signato atque testibus prenominatis presens fui, et ideo presenti publico instrumento sive transumpto alienâ manu fideliter scripto indè confecto signum meum solitum hic manu propria subscribentem apposui in fidem et testimonium premissorum requisitus atque rogatus. Sic subsignatum *J. de Houdaing* [1].

---

[1] Registre Thieulaine, fol. LII, v. et fol. LIX, v. — Manuscrit du cabinet de M. Laroche.

XVIe SIÈCLE.

XXV.

LETTRES DE NON-PRÉJUDICE
délivrées au nom de la Confrérie.
1537.

A tous ceux qui ces présentes lettres verront, Mayeurs confrères et caritables de Notre Dame des Ardens en la ville d'Arras, salut. Comme de ancienneté et de si longtems qu'il ne asseure du contraire nous soyons tenus chacun an le dimanche pourchain après la fête du St-Sacrement aller solennellement et par forme de procession en l'église cathédralle de Notre Dame d'Arras du matin durant le service divin et porter le joyau et sainte Chandelle de la carité et confrairie avant ditte et avec ce presenter et delivrer au portal d'icelle eglise à Messieurs prévôt, doyen et Chapitre de la dite eglise au prouffit de la fabrique d'icelle deux grands cierges pesans ensemble cinquante livres de cire bonne et belle et ce fait en passant par icelle eglise presenter ladite sainte Chandelle allumée dessus l'autel Notre Dame ou se dit la messe de prime et il soit que en cet an present de l'an quinze cent trente sept pour cause de la guerre et pour le grand tumulte et multitude de gens de guerre de plusieurs et diverses nations etrangères étan en la dite ville d'Arras Mesdits sieurs du Chapitre a notre prière et requete et de grace especiale nous ayant dispensé et supporté de faire ladite pourchession, de porter la dite Chandelle et joyau et de plusieurs autres solennités accoutumées en envoyant par nous au portal de la dite eglise les deux cierges de cinquante livres de cire comme dit est, scavoir faisons que nous connaissons et confessons la dispensation et obmission des choses avant dittes avoir été faite par mesdits sieurs de Chapitre de grace espéciale et a notre instante priere et requete pour cette fois tant seulement et ne entendons et ne volons pour ce aucun prejudice dommage ou intérêt être fait a ladite eglise d'Arras mesdits sieurs de Chapitre ou fabrique d'icelle église pour le tems a venir ni par ce acquérir contre ladite eglise ou fabrique d'icelle aucune possession préjudiciable, et pour approbation de ce nous avons a mesdits sieurs de Chapitre fait et baillé ces presentes lettres de non-préjudice, lesquelles furent faites et données sous les sceaux de ladite carité des Ardens le samedy après la fête du St-Sacrement, second jour de juin audit an quinze cent trente sept.

Il y a pareilles reconnoissances pour même cause des 18 juin 1552, 3 juin 1553, 26 may 1554, 15 juin 1555, 18 juin 1557.

Les originaux des actes cy-dessus copiés et annexés sont reposans aux archives du Chapitre d'Arras [1].

---

[1] Mss. du cabinet de M. Laroche.

XXVI.

RÈGLEMEMT DE LA COTISATION ANNUELLE ET AUTRES DROITS.
1546 [1].

Et est la dicte Confrérie telle que se paie chacun an. Quand lon y entre par devotion, treize deniers, et six deniers maille par constraincte, et quatre patars d'entrée, avec dix patars à la mort pour la mortmain du confrère décédé, moiennant lesquelz dix patars, ledit confrère a le luminaire dicelle carité, et quand il na ledit luminaire, ses heritiers sont quictes en paiant cincq patars seullement pour sa dite mortmain.

XXVII.

RÈGLEMENT TOUCHANT LE BANCQUET PRINCIPAL DU MAIEUR.
1553.

A tous ceux quy ces présentes lettres verront maieurs caritables et confrères de la Confrérie de Nostre Dame des Ardents en la ville d'Arras, salut. Sçavoir faisons que cejourd'huy date de cestes estans assemblez et congrégez en la chapelle d'icelle carité scituée au petit marchié de ceste ville pour procéder a l'election du maieur regnant d'icelle Confrerie pour cest an, selon que de bonne et ancienne coustume s'est tousiours faict, —

Considérans que la dite Confrérie est une des plus

---

[1] Le *Reg. Thieulaine*, fol. IX, r. place ce règlement en tête d'une liste de Mayeurs qui commence à l'année 1546, ce qui n'empêche pas ce règlement d'être beaucoup plus ancien.

notables et anciennes de la dite ville, en laquelle plusieurs rois, ducs, contes, contesses, princes, seigneurs et dames, prélatz, notables bourgeois et bourgeoises se sont mis. Et voians qu'elle estoit apparente de diminuer tant en l'exaltation et reverence du sainct Chierge que des confrères et consœurs d'icelle, ensemble du sainct (service) divin qui se faict journellement en la dite chapelle a l'honeur de Dieu, de la benoiste Vierge Marie, et dudict sainct Chierge y reposant, mesme des biens et revenus de la dite Confrérie, à cause des guerres aians regnées en ce pays d'Artois. Come encore elle faict presentement es grandz ouvrages et refections qu'il a convenu faire à la réédification de la grande salle du Préau de la dite Confrérie qui par son ancienneté et caducité estoit tombée. Laquelle il a convenu réédifier nouvellement quoy faisant y auroit esté exposée la some de douze cent florins et plus dont la plus saine partie a esté prins en cour de rente heritière sur le revenu temporel de ladite Confrérie. Come aussi des excessives despences qui se faisoient durant les quatre jours de la feste et solennité du sainct Chierge par les maieurs et confrères de la dicte Confrérie, ensemble du soupper et bancquet qui se faict annuellement le dimenche suivant le jour du sainct Sacrement par le maieur entrant d'icelle confrérie, quy retardoient le bon voloir de plusieurs notables bourgeois d'icelle ville de se mettre en la dicte Confrérie pour craincte et doute desdictes despences excessives et autres bons regardz et considérations par nous avisées. Pour y remédier et pour veoir et désirans le bien et augmentation d'icelle Confrérie et du sainct service divin qui se faict journellement en la dite chapelle, avons tous unanimement conceu, avisé, determiné et ordonné pour l'avenir ce qui senssuit : asscavoir que les dites despences et repas qui se font durant les quatre jours de la dicte feste par les anciens maieurs séans et cestuy entrant de la dite Confrérie se paieront par tous lesditz maieurs anciens séans et nouveaux chacun a comte de teste, ore qu'ilz ne comparussent ausdictes despences. Et pour ce faire le Receveur d'icelle Confrérie sera tenu mettre par escrit en un caier icelles despences et par le menu, avec les noms et surnoms des maieurs aians assisté à icelles. Et au surplus que le dict maieur entrant au lieu du dit soupper et bancquet dudict jour de dimenche sera tenu paier et furnir la some de trente carolus d'or et vingt patars, le carolus pour une fois tantmoins aux mises d'iceluy soupper et bancquet.

Et le lundy sequent ledit Receveur fera comte ausditz maieurs anciens et entrant et issant desdictes despences et se recevra d'eux la some a quoy ilz seront trouvés asseables chacun a comte de teste come dict est pour en faire paiement a ceux qu'il appartiendra. Sans qu'aucuns deniers soient prins ny paicz sur le revenu de la dite Confrairie. Le tout pour le bien et augmentation d'icelle et affin qu'on puit et plustot et plus facilement racheter et rembourser les dictes rentes heritières et descharger la dicte Confrérie des grandes charges en quoy elle est présentement submise. Outre et pardessus la dite some de trente florins chacun maieur entrant sera tenu paier douze florins telz que dessus pour subvenir aux frais de la procession qui se faict chacun an en la Cité dudit Arras ledit jour de dimenche. Ne soit que pour certaines bonnes considérations iceux maieurs anciens entrant et séant s'abstinssent de faire la dicte procession en aucunes années. Auquel cas ledit maieur entrant ne seroit tenu ains excusé de paier lesdictz douze florins en l'année ou années que ladite abstinence seroit.

En tesmoin de ce nous avons faict mettre les seaux de ceste Confrérie à ces présentes quy furent faictes et données en ladite chapelle au petit Marché le mercredy de Pasques communiaux le cincquiesme jour d'avril XVe cinquancte trois. Ainsy scellées de deux scelz de cire verde pendans en double queue [1].

XXVIII.

INSCRIPTIONS DE L'AUTEL SAINT-SÉVERIN
dans l'ancienne Cathédrale d'Arras.
1576.

D. O. M.

Antonius RICHEBÉ, hujus ecclesiæ præpositus et canonicus J. U. Doctor protonotarius apostolicus, ad honorem V. Mariæ, decus et ornamentum singulare domus Dei, sacrificium offerendi gratiâ, pro suis parentibus, seque fratreque suo Joanne RICHEBÉ dictæ ecclesiæ olim præposito et canonico apud Romanos P. P. Julium III, Marcellum II, Paulum III, Pium IIII et V. ac S. D. N. Gregorium XIII pro felic. record. Carolo V. Cæsare ejusque filio Philippo Hispaniarum rege, consiliario et argent., hoc altare posuit.

---

[1] *Registre Thieulaine*, fol. 22, v.

Hic constructa vides fratrum monumenta duorum
  Quos tulit infantes Artesiense solum.
Roma sed ad celebres ambos evexit honores,
  Officia ac titulos prima tabella refert ;
Quod superest, potes exiguo perdicere versu ;
  Cur tot picturis splendeat ara suis.
Cereus ille sacer cœlo delatus ab ipsâ,
  Ante altare sacrum, Virgine Matre, fuit.
Presule, susceptis, Lamberto adstante, duobus
  Qui tangunt digitis plectra canora viris.
Huic sacra supremo quædam fundata tonanti,
  Ornandis festis, virgo sacrata, tuis ;
Publicæ divinæ pietatis signa reculent.
  Doni posteritas ut memor esse queat,
Antoni, fundator eris per sæcula notus,
  Sit tibi cum caro fratre beata quies [1].

[1] Mss. du cabinet de M. Laroche. — *Mémoire* de 1770, par Desmazières.

XVIIᵉ SIECLE.

XXIX.

RECOGNOISSANCE DU PASTEUR DE SAINT-NICOLAS, TOUCHANT LES CANDELLES ESTANT ALLENTOUR DU CORPS DES CONFRÉRES, DE L'AN 1604 [1].

Suivant la sommation faicte par les nottaires des Archiducqz soubsignez à Mᵉ Ferry de Locre, prêtre bacelier en theologie et pasteur de l'eglise de Sainct-Nicolas sur les fossés en ceste ville d'Arras, a la requeste des Maieurs et confreres de la confrairie nostre dame des ardans, ad ce qu'il aist à leur mettre es mains les doulx chierges par luy levez en ladicte eglise aulx obseques et funérailles de deffuncte daᵐᵉ Catherine le Creux à son trespas vesve de Franchois Bourgeois en son temps Maieur d'icelle confrairie, et que a faultre de ce faire lesdits Maieurs protestoient de eulx pourvoire contre ledit sieur pasteur par complainte en telle aultre voye qu'ilz trouveroient convenir comme estans en possession de tamps immémorial de prendre samblables chierges, estant le sainct service divin achevé, ycelluy sieur pasteur en recognoissant en ce regard les droix, possessions et saisines desdicts Maieurs, a remis es mains des dicts nottaires les dicts deulx chierges pour les restituer auxdicts Maieurs comme ilz auroient faict et

[1] Archives départementales du Pas-de-Calais.

dont faict foy ce présent acte pour servir auxdicts maieurs ce que de raison. Faict le dix neuviesme de Juing, l'an mil six cens et quattre.

F. de Locre.

P. Hanotel.

J. Aucoustel.

Paié aulx deulx nottaires XX s.

XXX.

DE SACRO CEREO ATTREBATENSI [1].

1612.

Sacer cereus attrebatensis delatus est a sanctissimâ Virgine Mariâ in ecclesiam majorem attrebatensem juxta altare sancti Severini episcopi die dominicâ 5° Calend. junii anno Christi 1105, pontificatus sancti Domni Paschalis II sexto, imperii Henrici III 49, Philippi I¹ Galliæ regis 45, episcopatus domni Lamberti episcopi attrebatensis anno 8°, quâ sanati fuerunt 144 ægri, in cujus

---

[1] Manuscrit du cabinet de M. A. Laroche. — Ce précieux manuscrit, que nous avons souvent cité dans ce Cartulaire, renferme plusieurs pièces inédites sur le Saint-Cierge d'Arras, rassemblées et copiées par M. Dubois de Duisans, mayeur de la Confrérie de Notre-Dame des Ardents, en 1742. Le texte, que nous rapportons ici et qui a pour titre *De sacro cereo Attrebatensi*, paraît être très-ancien, au moins dans la première partie de sa rédaction. Il fut d'abord complété en 1612, époque où fut imprimée « *l'Ancienne Histoire de la Saincte-Chandelle* »; c'est ce qui résulte clairement de ce document lui-même qui contient cette phrase : *Recitatur historia delationis hujus sacri Cerei, quæ et* NOVISSIME *in lucem edita fuit*. Enfin ce texte a été repris, au siècle dernier, par M. Dubois de Duisans qui a continué la liste des mayeurs de la Confrérie jusqu'à l'année 1750.

cerei honorem instituta fuit confraternitas a dicto illustrissimo cardinali episcopo anno 1106.

Cujus hæ sunt prerogativæ quod confratres fiunt participes missarum horarum et precum quæ fiunt in dictâ ecclesiâ majori et, ut creditur, ut dicti confratres eorum liberi non ardeant igne ardenti aut moriantur morte subitanea.

Quorum confratrum duo sunt genera : unum quod ex merâ et purâ devotione ingreditur dictam confraternitatem et solvit in introitu per singulos annos tredecim denarios turonenses ; aliud quod coactum morbo jam afflictum igne ardenti vovet intrare vel de facto intrat dictam confraternitatem, quod genus confratrum solvit in ingressu et per singulos annos sex denarios turonenses et obolum, eaque confraternitas vulgo dicitur charitas Dominæ nostræ ardentium.

Hujus confraternitatis domus et sacellum primo instituta fuit a dicto cardinali episcopo in dictâ urbe propè monasterium D. Vedasti ante pontem in loco dicto sancti Nicolai, ubi dictus sacer cereus solebat antiquitùs servari et quotidie a populo honorari, et postea translata fuit in Xenodochium vulgo hospitale a successu temporis redacta in usus privatos.

Dicti confratres ex jussu prædicti regis Philippi habent baillivum attrebatensem in custodem et deffensorem et sub ejus etiam protectione sunt bona dictæ confraternitatis, teneturque dictus baillivus cum apparitoribus suis assistere in equis et armis, sicut et sagittarii et phalisterii quoties dictus sacer cereus in publicum a confratribus defertur, in quam confraternitatem antiquitùs nullus recipiebatur nisi in stationibus publicis quæ flebant in festo sancti Remigii, pentecostis et natalis domini et ante receptionem potabat aquam dictæ charitatis, hinc formula loquendi in antiquis registris dictæ confraternitatis: potus in festo s. Remigii, in pentecostes in natali domini.

Præcipua hujus confraternitatis festiva dies solebat esse in dominicâ proximiori 5° Calend. junii, quod immutatum fuit, ut dicetur.

Hic sacer cereus nec decressit nec accrescit, sed ut rubus ille mosaicus manet incombustus, quamvis accendatur et guttatim in aquam stillat, cujus aquæ usus plurimus est in urbe et alibi cum multo effectu.

Imo ex dictis guttis stillantibus ex dicto cereo alii cerei deducti sunt ex charitate donati scilicet Insulensibus maioribus quod vocant ardentibus, Duacensibus, Pecquincortenis hybernis novissime Paulinatibus.

Quinetiam anno 1607 visitur in sacello minori dictæ charitatis in minori foro ubi religiosissime cereus asservatur et colitur panis rotundus ex dictis guttis in unum compactus pondere duarum librarum cum duabus unciis.

Hujus sacri cerei festum celebratur dominicâ post festum corporis Christi et defertur dictus cereus processionaliter voti causâ in majorem ædem D. Mariæ sacrum cum duobus cereis miræ magnitudinis qui inibi offeruntur.

Ipso die corporis Christi defertur dictus cereus in aliud sacellum confratrum in loco dicto *la neuve rue* ubi celebratur sacrum et sub vespera reportatur in locum consuetum quod et idipsum fit diebus veneris et sabbati sequentibus et dominicâ prædictâ, et die lunæ sequenti celebratur totum officium defunctorum in memoriam majorum dictæ confraternitatis defunctorum.

In vigiliâ Assumptionis Mariæ conveniunt dicti confratres in æde penes dictum sacellum in foro ubi rithmis patriis sermone antiquo recitatur historia delationis hujus sacri cerei, quæ et novissime in lucem edita fuit oratione solutâ tantùm id non continetur scilicet Iterium et Nortmannum sodaliter commorantes in xenodochio S. Jacobi juxtâ Auberti templum asservasse triennio dictum cereum in dicto templo.

Hujus charitatis princeps vocatur major et eligitur ultimo festorum paschalium, quorum majorum nomina hic ponuntur prout reperiri potuerunt.

(*Suit la liste des Mayeurs que nous avons publiée dans notre Introduction.*)

XXXI.

INDULGENCES

Concédées à chasque jour que l'on récitera l'*Ave Maria* à l'environ de la Pyramide sur le petit marché de ceste ville d'Arras, ou en l'une des deux chappelles des Ardans, ou bien ailleurs devant la Saincte Chandeille.

1615.

Hermannùs Octembergus Dei et Apostolicæ sedis gratia Episcopus Atrebatensis, Universis præsentes litteras inspectùris salutem in Domino. Omnibus et singulis utriùsque sexùs Christi fidelibus qui juxta Pyramidem fundatam in parvo foro opidi Atrebatensis, in quâ sacer ille cereus toto orbe celeberrimus, quem Deipara Virgo suis manibus detulit, asservatur, vel in sacellis vulgo Societatis Ardentium nuncupatis, aut alibi coram dicto cereo semel Salutationem Angelicam pro conservatione et incolumitate civitatis et oppidi Attrebatensis, omniùmque in eis habitantium devote recitaverint, singulis diebus quotiescùmque id fecerint quadringinta dies de injunctis eis, aut alias quomodolibet debitis pœnitentiis, aùthoritate nostrà ordinarià, tenore præsentiùm misericorditer in domino relaxamùs. Datùm in sacello dictæ societatis juxta dictam Pyramidem anno Domini millesimo sexcentesimo decimo quinto, mensis Maii die duodecima. Inferius erat scriptum : De mandato R^{m:} Domini Episcopi Atrebatensis. *C. Fran. Van Laureten.* Secret [1].

XXXII.

Indulgences a perpétuité.

1648.

Innocentius episcopus servus servorum Dei universis Christi fidelibus presentes litteras inspecturis salutem et apostolicam benedictionem. Considerantes nostram fragilitatem mortalitatis et humani generis conditionem districtique severitatem judicii, percupimus fideles singulos bonis operibus et piis precibus judicium ipsum prevenire ut per illa eorum peccata deleantur, ipsique eternæ felicitatis gaudia faciliùs consequi mereantur; cum itaque, sicut accepimus in ecclesià seu

[1] Registre Thieulaine. fol. 80. v.

capellâ beatæ Virginis Mariæ ardentium nuncupatæ Atrebatensis, una pia et devota utriusque sexûs Christi fidelium confraternitas sub invocatione seu in honorem ejusdem beatæ Virginis Mariæ ardentium nuncupatæ ad Dei omnipotentis laudem et animarum salutem proximique subventionem, non tamen pro hominibus unius specialis artis canonicè instituta erat, cujus dilecti filii confratres quamplurima pietatis, charitatis et misericordiæ opera exercere consueverunt, ut igitur ipsi ac pro tempore existentes dictæ confraternitatis confratres in hujusmodi piorum operum exercitio confoveantur ac magis ad illa in posterum exercenda et alii Christi fideles ad dictam confraternitatem ingrediendam per ampliùs invitentur, dictaque ecclesia seu capella in debitâ veneratione habeatur, de ejusdem omnipotentis Dei misericordiâ ac beatorum Petri et Pauli apostolorum ejusdem auctoritate confisi, omnibus et singulis utriusque sexûs Christi fidelibus verè penitentibus et confessis qui dictam confraternitatem de cetero ingredientur, die primi eorum ingressûs si sanctissimum Eucharistiæ sacramentum sumpserint, ac ad tempus et pro tempore existentibus dictæ confraternitatis confratribus etiam verè penitentibus et confessis ac sacrâ communione, si id commodè fieri possit, refectis in eorum mortis articulo, nomen Jesu, corde, si ore nequiverit invocantibus, ipsisque confratribus etiam verè penitentibus et confessis ac sacrâ communione refectis qui ecclesiam seu capellam predictam in die dominicâ infrâ octavam festi sacratissimi corporis Christi à primis vesperis usque ad occasum solis diei dominicæ hujusmodi singulis annis devotè visitaverint et inibi pro heresum extirpatione, hereticorum conversione, sanctæque matris ecclesiæ exaltatione et inter Christianos principes servandâ pace, concordiâ, et unione, nec non Romani Pontificis salute, pias ad Deum preces effuderint, plenariam omnium et singulorum peccatorum suorum indulgentiam et remissionem apostolicâ auctoritate, tenore presentium misericorditer in Domino perpetuò concedimus et elargimur; proptereà ipsis confratribus qui similiter verè penitentes et confessi dictoque Eucharistiæ Sacramento refecti ecclesiam seu capellam predictam in Annunciationis et Nativitatis ac Purificationis et Assumptionis ejusdem beatæ Virginis Mariæ festivitatibus singulis annis devotè visitaverint ibique ut petitur oraverint, quâ die hujusmodi quatuor posteriorum festivitatum id pro tempore fecerint, septem annos et totidem quadragenas, postremo eisdem confratribus quoties divinis officiis in ecclesiâ seu capellâ vel oratorio dictæ confraternitatis more confratrium celebrandis, aut congregationibus publicis vel secretis ejusdem confraternitatis pro quocumque opere pio exercendo, aut processionibus ordinariis vel extraordinariis, tam dictæ confraternitatis quàm aliis de licentiâ ordinarii faciendis, aut sepeliendis mortuis officiosè interfuerint, aut ipsum sanctissimum Eucharistiæ sacramentum dùm ad aliquem infirmum defertur associaverint, vel qui impediti, campanæ ad id signo dato genibus flexis semel orationem dominicam et salutationem angelicam pro dicto infirmo recitaverint, sive infirmos consolati fuerint, vel pauperes peregrinos hospitio exceperint ac eleemosinis et officiis adjuverint, aut pacem cum inimicis composuerint, vel quinquies orationem et toties salutationem predictas pro animabus confratrum dictæ confraternitatis in Christi charitate defunctorum recitaverint, aut demùm aliquem ad viam salutis reduxerint et ignorantes Dei precepta quæ et ad salutem sunt docuerint; toties pro quolibet promissorum piorum operum exercitio, sexaginta dies de injunctis eis aut aliàs quomodolibet debitis penitentiis, auctoritate et tenore premissis misericorditer in Domino relaxavimus presentibus perpetuis futuris temporibus duraturis.

Volumus autem quod si dicta confraternitas alicui archiconfraternitati aggregata sit vel in posterum aggregatur, seu quavis aliâ ratione pro illius indulgentiis consequendis aut de illis participandis vivatur seu aliàs quomodolibet instituatur prioris seu quævis aliæ litteræ desuper obtentæ præter presentes nullatenùs ei suffragentur, sed ex tunc prorsùs nullæ sint eo ipso, quodque si confratribus predictis ratione premissorum aut aliàs aliqua alia indulgentia perpetuo vel ad tempus nondùm elapsum duratura per nos concessa fuerit, dictæ presentes litteræ nullius sint roboris vel momenti. Datum Romæ apud sanctam Mariam majorem anno incarnationis Dominicæ millesimo sexcentesimo quadragesimo octavo, mensis aprilis, pontificatûs nostri anno quarto.

Sub plica scriptum erat gratis pro deo P. Parsus. G. Motmannus. C. Mannumicus. J... P. Ciottus, gratis pro deo J. Labrum. Et super plicam scriptum erat : visa P. Gentilis, G. Babat, v. lib. fol. 257, et sigillatum sigillo pontificio super plumbum, representans effigies sanctorum Petri et Pauli.

Sub plica erat etiam scriptum : Reverendi Domini vicarii generales sedis episcopalis Atrebatensis vacantis, permiserunt publicari supradictas indulgentias in diocesi Atrebatensi. Datum in civitate Atrebatensi die octava maii 1648 de mandato Reverendissimorum Dominorum Vicariorum generalium, subsignatum P. Cornaille. Super dorsum scriptum erat : F. Morolus, secretarius apostolicus [1].

XXXIII.

TABLE DES TITRES APPARTENANS A LA CONFRAIRIE DE NOTRE DAME DES ARDANS [2].

1287-1688.

1.

Arrentement d'une maison seant en la rüe des Warence moyennant quatorze sols un denier parisis. 1287.

2.

Reconnoissance d'une Rente de treize deniers parisis pour une maison dehors la porte de meaulens. 1302.

3.

Contrat d'achat d'une rente de quarante sols parisis sur une maison rue des warence. 1305.

---

[1] Registre Thieulaine, fol. 219, r.
[2] Archives départementales du Pas-de-Calais.

4.

. Lettre de donation d'une maison seant en la poterie. 1306.

5.

Lettre de donation de six sols parisis de rente sur une maison rüe de la tonderie. 1308.

6.

Lettre de donation de deux sols de rente annuelle sur six coupes de terre au fossé le Comte. 1315.

7.

Lettre de donation d'une rente annuelle de dix sols, parisis sur une maison seant dessous la place castelain. 1318.

8.

Contrat d'achat de trois rente annuelle la 1° de 6 sols, la 2° de 26 deniers et maille, et la 3° de 12 deniers sur trois heritages en cette ville. 1320.

9.

Contrat d'achat de 22 sols 6 deniers parisis de rente annuelle sur sept maisons seantes a Arras. 1321.

10.

Contrat d'achat de quatre rentes annuelles la 1° de 6 l. 12 sols. La 2° de 10 sols 10 deniers. La 3° de sept sols et deux chapons, et la 4° de 45 deniers à prendre sur plusieurs héritages. 1331.

11.

Contrat d'achat d'une rente annuelle de 22 sols 6 deniers à prendre sur plusieurs maisons. 1331.

12.

Contrat d'achat d'une rente de 43 sols 4 deniers annuellement sur deux maisons seans dehors la porte de meauléns. 1331.

13.

Contrat d'achat d'une rente de douze sols parisis annuellement dû a cause de certain héritage seant a Baralle. 1343.

14.

Arrentement de deux maisons seant en cette ville nommées Le Renouart moyennant 13 sols de rente annuelle. 1421.

15.

Reconnoissance d'une rente de douze deniers annuellement sur un jardin et étables seans sur le bout de la ruë as cas. 1433.

16.

Reconnoissance de deux rente annuelle la première de deux sols deux deniers sur une maison seant au devant des Louë Dieu et l'autre de quatre sols sur trois maisons seans au devant du four du temple. 1455.

17.

Contrat d'achat d'un heritage seant en le neuve rüe de

cette ville a charge de 24 sols de rente annuelle aux ardens. 1521.

18.

Reconnoissance en jugement d'une rente annuelle de six sols six deniers sur une maison rue du blocq. 1534.

19.

Reconnoissance en jugement d'une rente annuelle de six patars due pour un jardin et masure seant ruë de Paris près le poterne. 1547.

20.

Reconnoissance en jugement d'une rente annuelle de 24 patars sur un pré seant au devant de la porte hagerue. 1547.

21.

Reconnoissance en jugement d'une rente de 26 patars sur une maison ruë de la coupette. 1548.

22.

Reconnoissance en jugement d'une rente de 40 patars sur une maison ruë du grochon. 1550.

23.

Sentence qui condamne Pierre Hocquet a payer une rente annuelle de six patars pour une maison rue des tainturiers. 1551.

24.

Sentence des echevins d'Arras qui condamne Simon

de Montroeul a payer 20 deniers de rente pour une maison et jardin seans en Héronval. 1562.

25.

Reconnoissance en jugement par les nommés Manessier et Legrand d'une rente annuelle de 14 patars sur une maison rue des lours faisant coing de la rue du dromedaire. 1568.

26.

Sentence qui condamne Nicolas Labbé et sa femme a payer une rente annuelle de 40 sols pour sa maison rue du granchon. 1581.

27.

Reconnoissance par Charles Chrétien d'une rente annuelle de 26 patars pour une maison et jardin nommé Le pan rue de la Coupette a Arras. 1586.

28.

Sentence contre Simon Le Roux et Charles Chrétien a payer 26 patars de rente annuelle pour la maison et heritage du pan rue de la Coupette. 1587.

29.

Reconnoissance par François Daix bourgeois d'Arras de ladite rente de 26 patars annuellement pour ladite maison du pan. 1595.

30.

Sentence contre Robert Escaillebert pour deux so s

six deniers de rente annuelle sur la maison du chevalet d'or seant rue des lourd. 1615.

31.

Reconnoissance de M⁰ Thomas de la Dienné pour douze deniers de rente sur un pré seant près la porte de Hagerue. 1615.

32.

Reconnoissance de trois sols onze deniers obole de rente par Philippe Carbonnel pour une maison rüe du puich de fromont. 1615.

33.

Reconnoissance par Jean Noiret de deux rentes annuelles, l'une de vingt-quatre sols, et l'autre de deux pour deux heritages seans es fauxbourgs d'Arras. 1615.

34.

Reconnoissance de Pierre Saucourt pour dix sols de rente annuelle pour une maison seant rüe de la Coupe d'or. 1615.

35.

Reconnoissance par Charles Gonhet de 22 sols de rente annuelle à cause d'une maison seant rue des Ardans. 1615.

36.

Reconnoissance sur complainte par l'abbesse d'Avesne-lez-Arras de sept sols de rente à cause d'une maison rue du presbytaire de Sainte-Croix. 1616.

37.

Reconnoissance par Michel Lallart d'une rente annuelle de quarante sols à cause d'une maison rue des agaches. 1647.

38.

Reconnoissance par Robert d'Artois de 28 sols de rente annuelle pour la maison du Griffon. 1619.

39.

Reconnoissance par Gabriel Baillon et M° Antoine de Haure d'une rente annuelle de six sols à cause d'un heritage seant au fauxbourg d'Arras et faisant coing de la rue de la trinité. 1619.

40.

Reconnoissance par dame prieure des Augustines et par Jean Duflos d'une rente annuelle de quatre sols pour sept mesures de prairies au devant de la porte de Ronville. 1619.

41.

Reconnoissance sur complainte par Thomas de Basseux d'une rente annuelle de quatre sols sur une maison rue d'Haigerue. 1621.

42.

Reconnoissance par les nommés Hennet, Hennin et Rogier d'une rente annuelle de 13 patars due à cause d'une maison rue des Viesiers. 1623.

43.

Reconnoissance par Jean Therier d'une rente annuelle de deux sols trois deniers à cause d'une maison ruë de la porte de St Nicolas. 1623.

44.

Conplainte et reconnoissance d'une rente annuelle due pour la maison du Griffon d'or. 1624.

45.

Sentence qui condamne Pierre Le Roux a payer la rente de 22 deniers pour sa maison rue des archers. 22 septembre 1625.

46.

Sentence qui condamne Baltazart Cailleret à payer 14 sols de rente annuelle pour sa maison seant devant la grande maison rue des ardans. 1628.

47.

Sentence qui condamne Alexandre Mullet et sa femme à payer 22 deniers de rente annuelle pour leur maison ruë des Archers. 4 juin 1631.

48.

Reconnoissance par les nommés Camp, Docqueminy et Macrel d'une rente annuelle de six patars pour un jardin et heritage près la ruë des Archers. 13 juillet 1634.

49.

Sentence qui condamne Pierre de paris et la Vve Robert Delebarre au payement d'une rente annuelle de quatre sols pour une maison rue de Nœufeglise. 1616.

50.

Sentence qui condamne Christophe Noel a payer la rente de 4 sols pour une maison rue de Neufeglise. 1634.

51.

Sentence qui condamne Charles Demailly a payer annuellement deux sols de rente à cause d'une maison en la neuve rue. 1635.

52.

Sentence qui condamne Jean Manessier et autres à payer la rente annuelle de 14 sols pour une maison seant ruë du vieu poix nommée le Dromedaire. 1636.

53.

Sentence qui condamne Jeanne Duquesnoy à payer la rente annuelle de 8 sols 8 deniers à cause d'une maison rue du Portugal. 1635.

54.

Sentence qui condamne François Lestoffes à payer une rente annuelle de douze deniers pour sa maison seant en cette ville. 1635.

55.

Reconnoissance par Pierre Vanliere, Regnault Docquemaisnil et Jean Macrel d'une rente annuelle de six sols à cause de trois maisons rue des Porteurs. 1638.

56.

Reconnoissance par Anne Le Roux d'une partie d'une rente de 20 deniers pour une choque de maison seant ruë du Blocq. 1638.

57.

Reconnoissance par Michel de Cauchie d'une rente annuelle de dix sols pour une maison ruë de la Coupe d'or. 1641.

58.

Sentence qui condamne Jeanne Delaporte veuve de Jean de Rougemont à payer 40 sols de rente annuelle pour une maison rue des Agaches. 1538.

59.

Sentence qui condamne Florent Desfossés et Laurent Williart à payer la rente annuelle de 36 sols pour une maison ruë d'Hagerue. 1641.

60.

Reconnoissance par Noel Merchier et autres d'une rente annuelle de 24 sols pour un heritage seant hors la porte d'Hagerue. 1644.

61.

Reconnoissance par Pierre de Beaussart d'une rente annuelle de quatre sols à cause d'une maison ruë des pretres. 1687.

62.

Reconnoissance de Gaspart Camp d'une rente annuelle de six sols pour une maison ruë des Porteurs. 4 mai 1688.

XXXIV.

TABLE DES NOMS CITÉS DANS LES TITRES PRÉCÉDENTS [1].

1287-1688.

A.

<small>Numéro du titre</small>

Auculans Wibau,	10
Accart Pierre,	33, 39
Aucoustel,	44

B.

Boistel Jehan,	1
Barons Jehan,	1
Bechons Henris,	6
Belot Jehan,	14
Bassée Fournier Jehan,	15
Brochart Wille,	16
Baudry Robert,	22
Bauduin Extace,	22
Buisine Jehan,	25
Billot J.,	25
Barat,	27, 28
Blondel Mᵉ Regnier,	36
Buissine,	36, 41, 44
Baillon Gabriel,	39
Basseux Thomas,	41
Boniface,	41
Bocquet Catherine,	44
Beharel Nicaise,	55

C.

Cherisy Colars,	2
Chiriers Thumas,	4
Cerisy Soales,	7
Cosette Izabiaus,	8
Caperon Jehan,	8
Castel Henry,	8
Chastelain Henry,	16
Chapitre d'Arras,	17
Cousin Robert,	21
Coirier Marie Vve Jehan Morel,	22
Courieur Jehan Martin,	22
Chrétien Charles,	27, 28
Creton J.,	29
Carbonel Philippe,	32

[1] Archives départementales du Pas-de-Calais.

Cauwet Etienne,	36	De Thieuluch Gillot,	8
Creton Jean,	40	De Goy Marguerite,	8
Crocquefer Anne,	41	De Gouy Thumas,	9
Cuisinier Claude,	42	Des Coucles Ghiesart,	9
Courtois D^{elln} Anne,	44	De Bailloel Gille,	9, 11
Camus Jehan,	45, 47	De Wagans Pierre,	9
Cailleret Balthazard,	46	Dehées Jehan,	9
Cappeau François,	46	Delevigne Izabiaus,	10
Camp Pierre,	48, 55	Delattre Jehan,	10
Corrier Jean,	57	De Berle,	10
Camps Gaspart,	62	Deleporte dame Agnès,	10
Chasse Pierre,	62	De Sonvelle Fournier,	11
		De Serin Robert,	12
D.		Des Ouneles Ghissart,	12
		Daulles Robert,	12
Delecapelle Robert,	1	Deleporte Laurent,	12
Demonchy Adrien,	1	De Heuchin Alleaume,	13
Deparis Jehan,	1	Dewes Pierre,	13
Deparis Ermenfroy,	1	De St Quentin Willemes,	13
De Sailly Jehan,	3		
Delefontaine Stevenon,	3	Danin Jacque,	13
De Bouloingne Alis,	3	Damos Pierre,	15
De Fampous Dignion,	3	De Ronville Henry,	16
Douces Jehan,	3	De Beaumont Mahieu,	16
Demevame Jackemon,	4	De Holleville Lejosne,	17
Delvignes Philippe,	5	Devillers Jehan,	17
De Biaukaisne Robert,	5	De Lyencourt Hector,	17
De Baclerot Thumas,	5	De Meurchin,	17
De Marchienne,	6	Dassonleville,	17, 18, 23, 24, 26
De Halennes Jehan,	7		
Denoce Colars,	8	De Cais Loys,	18

Ducrocq Mathieu,	18	Duflos Jean,	40
Danier Jehan,	19	De Cardevacque,	41, 48, 55, 60
Dubois Jacque,	19		
Delattre Marc,	19, 20, 22	Delecourt Pierre,	42, 43
Delattre A.	19, 20, 21, 22, 27	Deleville Jacque,	42
		Deffossés,	42, 43
Descamps Jehan,	19, 23	Decomble Étienne,	43
Destrées Jehan,	20	Dartus Nicolas,	44
Dubois Mᵉ Jacque,	22	Deleruelle Adrien,	44
Decroix Jehan Vve,	23	Dequestre,	44
De Noppenay Claude,	23	Docqueminy Regnault,	48, 55
De Montroeul Simon,	24		
Doresmieulx Jehan,	24	De Bury Barbe,	47
Despretz Fourcy,	26	Deparis Pierre,	49, 50
Douchet Maroye,	26	Delebarre, la Vve Robert,	49, 50
Delattre Jehan,	26		
Demory,	27	Delestrée Jehan,	49
Delattre Jacque,	28	Delattre Alexandre,	50
Daix François,	29	De Mailly Charles,	51
De la Dienné Thomas, sieur de la Nœuville,	31	De Watrelet,	51, 52, 53, 54, 58, 59
Delecourt Pierre,	31	Duquesnoy Jeanne,	53
Denizard Pierre,	33, 39, 40	Dubois Jean,	53
Desrozières Izabeau,	33	De Cappy Hubert,	56
Delebecque,	33	De Cauchye Michel,	57
Deleporte, la Vve Louis,	37	Delaporte Jeanne,	58
Delamotte Benjamin, Vve,	37	De Rougemont Jean,	58
		Desfossés Florent,	59
De le Sanche,	37	Deliége Guilain et Jean,	60
Dartois Robert,	38	De Beaussart Pierre,	61
Dehaure, Mᵉ Antoine,	39	Desmarets Magdelaine,	61

		Godebert Hector,	56
E.		Garson Charles,	62
Estevenon Wille,	14	**H.**	
Escaillebert Robert,	30		
Eloy Nicolas,	45, 47, 56	Hardere Jehan,	12
Elion, M° Jehan,	56, 60	Hermer Jehan,	15
		Hacquebare Baudin,	14
F.		Hautecloque Baudin,	15
		Hapiot Robert,	21
Favelle femme Jehan Ghislebert,	10	Hespel Pierre,	21
		Hocquet Pierre,	23
Faveriaus Pierre,	12	Hapiot J.,	29
Fournier Jehan Regnault,	15	Hanart Jehan et Guilles,	30
		Hatté,	32, 34, 35, 38, 49
Falempin Toussaint,	33	Herlin Anne,	40
Fourdrin Nicolas,	44	Hennet Jehan,	42
Fevin Jean,	46	Hennin Nicolas,	42
Fourdin Gille,	57	Huchier Jean Bernard,	46
G.		**J.**	
Grumeliers Charles,	2	Joly Jean,	40, 48
Ghislebert Jehan,	10		
Gosson Pasquier,	28	**L.**	
Géry,	30, 45		
Guffroy Marie,	35	Ly Olieres Tassars,	2
Goubet Charles,	35	Lefort Philippe,	3
Godart Izabeau,	36	Li Seliers Pierre,	3
Grault Jehan,	42	Lewesque Robert,	4
Gérard,	52	Le Mayeur Robert,	7

Louchart Jehan,	7, 8	Liebbe Nicolas,	38, 47, 59
Lepruvost Raoul,	8	Leclercq Marie,	44
Le Merchier Henry,	11	LeRoux Pierre,	45, 56
Louchars Jackehem,	12	Le Roy,	45, 46, 47, 50
Le Barbier Colars,	12	Lestoffes François,	54
Lifevres Rogiers,	13	Lefebure Catherine,	55
Li Cambiers,	13	Lenglart Pierre,	55
Li Couvieres Jehan,	13	LeRoux Anne,	56
Laisné Bauduin,	14		
Leureux Andrien,	14	M.	
Lejosne B.,	14, 15		
Le Parmentier Jehan,	16	Maroye,	6
Le Menu Waudrue,	17	Maskedrawe Marie,	7
Loison,	17	Mœrdekant Jehan,	13
Lefrancq Mahieu Vve,	18	Merlin Marie,	15
Legris Gilles,	18	Manessier Perpétuel,	19
Le Roux Pierre,	19, 47	Manessier Jehan,	25, 52
Lescoue Simon,	20, 21	Manessier Guérard,	30
Legrand Pierre,	25	Mouton Loys,	30
Legris Jehan,	25	Morel Tangry Adrienne,	36
Labbé Nicolas,	26	Morel Antoine,	44
Labbé Pierre,	26	Mullet Alexandre,	47
LeRoux Simon,	27, 28	Macrel Jean,	48, 55, 56, 57, 60
Lenglet Thomas,	31		
Lefort Allart,	31	Mathon Michel,	55, 56, 57, 60
Lebourgeois Jehan,	31		
Lepippre Jehan,	31, 39, 40	Merchier Noel,	60
Lestocquart Fourcy,	33, 43		
Lenglet Jehan,	33	N.	
Lemaire Jérôme,	33		
Lallart Michel,	37	Noiret Jean,	33

Noel Christophe,	50	Sagniaus Lambert,	10
Noiret Anne et Cather.,	60	Savaris Pierre,	13
		Saucourt Pierre,	34, 57
O.		Sénéchal Firmin,	58
Oeulles Wybers.	11	**T.**	
P.		Thouroude Thomas,	17, 20
		Touzet Martin,	26
Payebien Jean,	4	Thobois Sébastien,	34, 57
Pelerins Colars,	13	Therier Jehan,	43
Postel Jehan,	14	Théry Jehan,	43
Pisson Guislain,	18		
Piccard Allard,	42	**V.**	
Poutrain Claude,	58		
Platel,	61, 62	Vassal Simon,	25, 47
		Vanliere Pierre,	55
R.		**W.**	
Raonls Jehan,	13		
Raulin Philippe,	18	Wions Baude,	1
Ringhier Allard,	33, 43	Waidiers Pierre,	6, 7
Rogier Bauduin,	42	Wamier de Guisne Mikiel,	7
Richart Pasquier,	47	Wagans Pierre,	10, 11
		Wateposte,	16
S.		Wermel Philippe,	31
		Willart Laurent,	59
Salon de la Thieuloye,	4		

XVIIIᵉ SIÈCLE.

XXXV.

CONFRÉRIE DE N.-D. DES ARDENTS.

Compte spécimen (1).
1770.

Présenté par le comptable en personne, le quinze juillet mil sept cent soixante-treize, et par luy affirmé véritable tant en recettes que mises, à Messieurs les Mayeurs soussignés à la fin de ce compte.

Signé : J.-B. Du Bois.

Compte que fait et rend à Messieurs les mayeurs de la Confrérie de Notre-Dame-des-Ardans de la ville d'Arras, Jean-Baptiste-Joseph Du Bois, mayeur chanteur et receveur de ladite confrérie, pour un an commencé le quatorze juillet mil sept cent soixante-neuf et finy le quatorze juillet mil sept cent soixante-dix; pour mayeurs aux honneurs MONSIEUR ANTOINE-FRANÇOIS TERNAU, prêtre licentiez es loix de la Facultez de Paris, curé de la paroisse de St-Géry, et MESSIRE ANTOINE-CONSTANT DE HAMEL, CHEVALIER, MARQUIS DE GRAND-RULLECOUR, seigneur de Bouré-sur-Canche, etc., qui sont continués n'ayant point eu de nouveau mayeur cette année.

Faisant ledit compte en monnoie d'Artois telle que

[1] Archives départementales du Pas-de-Calais.

vingt sols pour une livre et douze deniers pour un sol.

PREMIER CHAPITRE DE RECETTE
à cause des arrentements dus à ladite Charité et des terres à elle appartenantes.

BAILLŒUL-SIRE-BERTOULD.

Les héritiers du sieur du Festel au lieu du sieur Grospré, patissier, doivent, au jour de Saint-André de chaque année, deux rasières de bled à cause de quattre mencaudé de terres situées audit Baillœul à eux appartenante suivant la reconnoissance du vingt-deux octobre mil six cent quattre-vingt-quinze.

Le comptable fait recette de la somme de vingt-neuf livres pour le prix suivant la prisé de quatorze livres dix sols des deux rasières de bled fournie par Vast Laurent et autres pour l'echéange de Saint-André mil sept cent soixante-huit porté au chapitre de reprise du compte précédent, cy . . . . 29 l.

De la somme de dix-sept livres pour le prix suivant la prisé de huit livres dix sols, des deux rasières de bled fourny par Vast Laurent et autres pour l'échéange de Saint-André mil sept cent soixante-neuf, cy   17 l.

FRENOYE.

Fait recette de la somme de cent quatre-vingt livres de Jean Guislain Le Vrand pour le prix de vingt rasières de bled echus à la St-André mil sept cent soixante neuf suivant la prisé de huit livres dix sols, outre les dix sols d'augmentation à la rasière suivant sa reconnoissance, cy. . . . . 180 l.

Rouveroy.

De la somme de cent sept livres pour fermage de dix sept couppes et demi de terres situées au terroir de Rouveroy echus à la St-André mil sept cent soixante neuf accordé à bail à Nicolas Herman et Nicolas Lenoir étant la seconde année dudit bail, cy . . 107 l.

Plus la somme de vingt livres pour un quart du pot de vin du nouveau bail payable au jour de St-André dernier et les deux années suivantes, cy. 20 l.

Lagnicour.

Fait recette de vingt cincq livres dix sols reçus de Philippe Herpin et consors de Lagnicourt pour le prix suivant la prisé des trois rasières de bled qu'ils doivent par arrentement à cause de quatre mencaudé de terres qu'ils tiennent, echus au jour de St-André mil sept cent soixante neuf, cy. . . . . 25 l. 10 s

Morchy.

De la somme de cent soixante dix huit livres dix sols reçus de la veuve Laguilier pour le prix de vingt et une rasières de bled de fermage, aussy suivant la prisé de huit livres dix sols echus le jour de St-André mil sept cent soixante-neuf, neuvième année du bail à lui accordé le 17 avril mil sept cent cinquante neuf, de douze mesures de terres labourables en une pièce au terroir de Morchy, cy. . . , ... 178 l. 10 s.

Premier chapitre de recette porte la somme de . . . . 557 l.

DEUXIÈME CHAPITRE
à cause de la maison de l'ancien jeu de paulme et dépendances.

Le comptable fait recette de la somme de deux cent livres porté au chapitre de reprise du compte précédent, reçus des héritiers de feu sieur Watelet resté à payer pour l'année échue le vingt trois janvier mil sept cent soixante neuf de la rente et canon qu'ils doivent annuellement à ladite confrérie, à cause de leur maison cy devant le jeu de paulme accordé en arrentement, cy . . . . 200 l.

De-la somme de trois cents livres pour une année échue le vingt trois janvier mil sept cent soixante dix, cy . . . . 300 l.

Deuxième chapitre de recette porte la somme de. . . . . 500 l.

TROISIÈME CHAPITRE DE RECETTE
à cause des rentes foncières dues à la Confrérie sur plusieurs maisons et héritages situés en la ville d'Arras, banlieu et échevinage dont plusieurs ne sont icy rapporté à cause que le notaire Joanne n'a pas encore finy les reconnoissances.

Monsieur Le Soing pour son jardin devant les Louez-Dieu deux sols deux deniers echue au Noel dernier, cy . . . . 2 s. 2 d.

Monsieur Crepiœul pour sa maison rue Ste-Barbe deux sols deux deniers echue au Noel dernier, cy. . 2 s. 2 d.

Mademoiselle la Vve Grimbert pour sa maison rue des Capucins quatre sols echue au Noel dernier, cy. 4 s.

Mlle Donjon pour sa maison rue des Jesuittes quatre sols echue au Noel dernier, cy . . . . . . 4 s.

Les héritiers de monsieur Gorlier pour sa maison sur

le marchéz aux poissons un sol un denier echue au Noel dernier, cy . . . . 1 s. 1 d.

Les héritiers de Canlers pour sa maison sur le marchéz aux poissons six deniers echue au Noel dernier, cy . . . . 6 d.

Monsieur Boucher pour sa maison rue des Trois-Visages dix sols echue à la St-Jean mil sept cent soixante neuf, cy . . . . 10 s.

Le Sr Hecquet pour sa maison nommé le Turpinet rue des Trois-Visages quarante sols echue à la St-Jean mil sept cent soixante neuf, cy . . . . 2 l.

Le S^r Le Flon pour sa maison nommé le Griffon cy-devant à usage de pavillon vingt huit sols echue au Noel dernier cy . . . . 1 l. 8 s.

Le Sr François Boyelle pour sa maison rue du Mont huit sols huit deniers echue à la St-Jean mil sept cent soixante neuf, cy . . . , ... 8 s. 8 d.

Mademoiselle la Vve Crepel pour sa maison rue du Blocq faisant le coin de la petite ruelle six sols six deniers echue à la St-Jean mil sept cent soixante neuf, cy . . . . 6 s. 6 d.

L eS Sergeant pour sa maison rue des Agaches quarante sols echue à la St-Jean mil sept cent soixante neuf, cy . . . . 2 l.

Mlle la Vve Grimbert pour sa maison rue des Capucins faisant le coin de la rue des Quattre-Crosses trente six sols echue à la St-Jean mil sept cent soixante neuf, cy . . . . 1 l. 16 s.

Monsieur Le Soing pour sa maison rue des Capucins dix sols echue à la St-Jean mil sept cent soixante neuf, cy . . . . . . , . . . , ... 10 s.

Monsieur Aspire pour sa maison rue St-Aubert quatorze sols échue à la St-Jean mil sept cent soixante neuf, cy . . . . 14 s.

Les Dames d'Avesnes pour leur maison appliqué à deux demeures rue du Presbytaire de Ste-Croix sept sols echue à la St-Jean mil sept cent soixante neuf, cy. 7 s.

Monsieur Linque pour sa maison nommé le Croissant d'argent faisant le coin des rue de Sainte-Croix, seize sols échue à la Saint-Jean mil sept cent soixante-neuf, cy. . . . . 16 s.

Les Dames du Vivier pour une maison rue du puich de Fromont, trois sols 11 pittes échue à la Saint-Jean mil sept cent soixante-neuf, cy. . . . 3 s. 11 p.

Le sieur Morel pour sa maison rue de Jérusalem, cincq sols échue à la Saint-Jean mil sept cent soixante-neuf, cy. . . . . 5 s.

De vingt-huit sols reçus de Messieurs les Religieux de Saint-Vast qu'ils doivent annuellement à la Confrérie, cy. . . . . 1 l. 8 s.

Troisième chapitre de recette porte
la somme de : . . . . 13 l. 6 s. 1 d. 11 p.

AUTRE RECETTE

Pour les huit portions du préau pour les rentes foncières et arrérages dus à ladite Confrérie, dont plusieurs ne sont icy rapporté à cause que le notaire Joanne n'a pas finy les reconnoissances.

Mlle Tallandier au lieu de Mlle Rogerez pour sa maison rue Neuve, deux sols echue au Noel dernier, cy. . . . . 2 s.

Mlle Laisné pour sa maison rue Neuve, deux sols echue au Noel dernier, cy . . . . 2 s.

Monsieur Boucher pour sa maison rue Neuve, deux sols echue au Noel dernier, cy . . . . . . 2 s.

Maximilien Piton pour sa maison rue Neuve, deux sols echue au Noel dernier, cy . . . . . . 2 s.

Le Sr Legrand pour sa maison rue Neuve, quattre sols echue au Noel dernier, cy. . . . . 4 s.

Quatrième chapitre de recette porte. . 12 sols.

CINCQUIÈME CHAPITRE
de recette à cause de la rente due par les États d'Artois.

Le comptable fait recette de la somme de soixante livres reçue desdits États pour une année echue au vingt-cincq janvier mil sept cent soixante-dix de la rente annuelle due à ladite Confrérie par lesdits États par la cession qui luy en a été faite par feu monsieur le mayeur, cy . . . . 60 l.

SIXIÈME CHAPITRE
de recette à cause des troncqs des pourchats, de la vente de livres et images.

Le 9 novembre 1769 a été fait ouverture du troncq de la chapelle à cause qu'il s'est trouvé plein, présent messieurs les mayeurs aux honneurs et mayeurs chanteurs, a été trouvé la somme de quatre-vingt-dix livres, dix-neuf sols, six deniers, cy . . . . . 90 l. 19 s. 6 d.

Le 4 febvrier 1770 pour même cause a été trouvé la somme de trente-deux livres sept sols, cy 32 l. 7 s.

Le 17 may pour même cause a été trouvé la somme de trente-trois livres dix-neuf sols, cy. 33 l. 19 s.

Le 16 juin a encor été fait l'ouverture des troncqs des trois chapelles comme d'ordinaire présent messieurs les

mayeurs aux honneurs et mayeurs chanteurs a été trouvé
la somme de quarante livres trois sols, cy. 40 l. 3 s.

De celle de quatre livres onze sols six deniers reçue
des confrères par François Cabuire ainsy que pour vente
de livres et images, cy . . . . . . 4 l. 11 s. 6 d.

De celle de vingt sols pour vente de coupon,
cy . . . . 1 l.

Somme totale du sixième chapitre de
recette porte la somme de. . . . . 203 l.

SEPTIÈME CHAPITRE
de recette à cause des fondations.

Fait recette de la somme de neuf livres dix sols payé
par le Sieur Fauquet pour la fondation faite en la chapelle rotonde sur la petite place par feu monsieur Des-
lion, avocat général au conseil d'Artois pour la grande
messe et litanies qui se chantent tous les ans dans ladite
chapelle le jour de l'Immaculée Conception de la Sainte
Vierge echue au mois de décembre mil sept cent soixante-
neuf, cy. . . . . 9 l. 10 s.

HUITIÈME CHAPITRE
de recette à cause des affiquets.

Le comptable représente que suivant les anciens
usages tous les nouveaux sergents de messieurs du magistrat de la gouvernance d'Arras, de monsieur le grand
Bailly et du Chattelain, doivent à la Confrérie chacun
quattre livres d'affiquets. Il n'a encor rien reçu cette
année des sergents nommés aux comptes précédents et
ceux qui ont été reçus depuis, le dépouillement ordonné

par l'apostille des comptes précédents n'ayant pas été exécuté.

Huitième chapitre. . . . . mémoire.

NEUVIÈME CHAPITRE
de recette à cause de ce qu'il se paye annuellement par les Béguines ou Sacristines.

Fait recette de la somme de deux cent une livres un sol trois deniers reçus de la sacristine de la vente de coupon, petits cierges, images, et autres,
cy . . . . 201 l. 1 s. 3 d.

Et trois cent soixante-cincq livres en billets,
cy . . . . 365 l.

Neuvième chapitre de recette porte la somme de. . . . . 566 l. 1 s. 3 d.

DIXIÈME CHAPITRE
de recette.

Le comptable observe qu'attendu l'absence de madame de Gouy il n'a rien reçu de la recette extraordinaire de la convention faite par feu monsieur de Cardevacque de Gouy en Artois et messieurs les mayeurs le 24 avril mil sept cent soixante-trois pour le prix de huit livres de cire royale accordé à la confrérie par ledit Sr de Gouy pour l'oratoire en la chapelle du préau . . . mémoire.

Le total de la recette porte la somme de . . . . 1909 l. 9 s. 4 d. 11 p.

MORTES MAINS.

1770. Est décédée mademoiselle la Vve Poitard de Ficheux.

Est décédé monsieur Le Cocq, chapelain de ladite confrérie.

MISES ET PAYEMENT.
PREMIER CHAPITRE

de la dépense faite le jour de la relation de St Vast pour la présente année de ce compte.

Pour des bonnes herbes épacé en la chapelle rotonde un sols, cy. . . . . 1 s.

Au porteur de clef deux sols, cy . . . 2 s.

Aux porteurs de croix et représentation de Saint Vast, ... 3 s. 6 d.

Aux mayeurs chanteurs et équevins pour avoir conduit messieurs aux homages . . . . . 10 s.

Aux porteurs de gaffanons et torces . . 4 s.

Aux sergents de monsieur le grand Bailly pour avoir accompagné à cette cérémonie, leur étoit due trois sols six deniers, lesdits sergents étant morts sans être remplacé, cette article ne sera icy que pour. . mémoire.

Aux sergents de la gouvernance pour le même sujet trois sols six deniers, cy. . . . . 3 s. 6 d.

Aux sergents du Chattelain, idem. . . 3 s. 6 d.

Aux joueurs de viollon au nombre de six pour avoir accompagné messieurs les mayeurs aux homages à S Vast cincq livres, cy. . . . . 5 l.

Au nommé Boucher jardinier pour quattre douzaines de bouquet ordinaire et le gros pour St Vast qui passe ordinairement pour une douzaine au prix de treize sols la douzaine porte. . . . . 3 l. 5 s.

Premier chapitre de dépense porte la somme de. . . . . 9 l. 12 s. 6 d.

DEUXIÈME CHAPITRE

de dépense faite le jour de l'Assomption de la Ste Vierge l'an de ce compte.

Aux deux mayeurs chanteurs pour avoir chanté l'avénement de la Ste-Chandelle quatre sols, cy.   4 s.
Aux sacristines pour avoir paré . . .   4 s.
Aux sacristines pour bonnes herbes. .   1 s.
Deuxième chapitre de dépense porte. .   9 s.

TROISIÈME CHAPITRE

à cause des rentes fonsières due par la chapelle.

Il paroit par les anciens comptes qu'il est du à l'hopital de St Jean en Lestré de cette ville, par la confrérie, à cause de la salle du préau une rente fonsière de sept sols cincq deniers échéante à Pasques dont il est due soixante-huit années. . . . . mémoire.

Suivant une sentence du Conseil d'Artois du huit mars mil cincq cent quatre-vingt-deux, il paroit qu'il est due par la confrérie audit hopital chaque année deux pot de vin au jour du St-Sacrement dont le prix est fixé à deux sols le pot moyennant quoy les religieuses sont soumises à recevoir et nourrir les confrères et consœurs malades ou nécessiteux, requérant place audit hopital, pourvu qu'ils ne soient attaqués de maladies contagieuses, de laquelle redevance il est due quatre-vingt-cincq années que le receveur dudit hopital n'a pas voulu recevoir . . . . mémoire.

Fait dépense le comptable de trente sols payés à monsieur le trésorier de Saint-Vast pour une année de rente due à la trésorerie échue au quatorze juillet mil sept cent soixante-neuf, cy. . . . . . . 1 l. 10 s.

De celle de quatre sols neuf deniers payés à monsieur le rentier de St-Vast pour une année de rente due par la confrérie à ladite abbaye sur la maison du préau et à cause des rentes que ladite confrérie perçoit sur deux maisons rue des Agaches, cy. . . . 4 s. 9 d.

Somme totale du troisième chapitre de dépense porte . . . . 1 l. 14 s. 9 d.

QUATTRIÈME CHAPITRE.
à cause des gages des officiers de ladite charité échue le quatorze juillet mil sept cent soixante-dix.

Au comptable et Joseph Duponchel tous deux mayeurs chanteurs pour une année échue audit jour quatorze juillet mil sept cent soixante-dix, trente livres, cy . . . . 30 l.

De celle de vingt-quatre livres payé à Goulat et Gamblin équevins de cette charité, cy. 24 l.

De celle de seize sols aux mayeurs chanteurs, sacristines et équevins pour braisse et charbon comme d'ordinaire, cy . . . . 16 s.

Fait dépense de la somme de dix-huit livres pour avoir exercé la recette l'an de ce compte, cy. 18 l.

De celle de sept livres dix sols pour la façon de ce compte comme d'ordinaire, cy. . . . 7 l. 10 s.

De celle de trois livres payé à Marie Morel pour avoir ouvert et fermé la chapelle, cy. . . . 3 l.

De celle de quatre livres payé aux équevins pour avoir mis et démis les tapisseries toutes les bonnes festes, cy . . . . 4 l

Quattrième chapitre de dépense porte
la somme de . . . . 87 l. 6 s,

CINCQUIÈME CHAPITRE.

à cause des messes dittes et célébré dans la chapelle rotonde et celle du préau à l'intention de messieurs les mayeurs et mairesses l'an de ce compte.

Fait dépense de la somme de cincq livres payé à monsieur Ternau curé de St-Géry pour être venu assister avec son clergé aux premières vespres à l'office du jour de la feste et l'obit le lendemain l'an de ce compte, cy . . . . 5 l.

Observe qu'il se paye à présent aux musiciens par chaque messe qui se chante aux festes de la Sainte-Vierge la somme de douze livres ce qui fait pour les quatre grande messe des jours de l'Assomption, de la Nativité, de la Purification, de l'Annonciation, la somme de quarante-huit livres, la Béguine ne lui ayant rien fourny, cy. . . . . 48 l.

Fait aussy dépense pour la cinquième messe de l'Immaculée-Conception fondé par les ayeux de monsieur Delion pourquoy il se paye seulement neuf livres dix sols cy devant porté en recette, cy . . 12 l.

De celle de six livres pour un obit chanté en la chapelle rotonde pour feu mademoiselle Poitard de Ficheux, cy. . . . . , 6 l.

De celle de cincq livres dix sols pour un obit chanté en la chapelle rotonde pour feu monsieur Le Cocq chapelain de ladite confrérie, cy . . . . . 5 l. 10 s.

De celle de dix-huit livres payé au sʳ Richebez pour la musique du jour de la feste l'an de ce compte, cy. . . . . 18 l.

Cincquième chapitre de dépense porte
la somme de . . . . 94 l. 10 s.

SIXIÈME CHAPITRE

*De dépense pour toutes les cires fourny l'an de ce compte
jusqu'au quatorze juillet mil sept cent soixante-dix.*

Au comptable Mtre cirier pour les cires qu'il a fournie suivant mémoire et quittance lui doit être passé la somme de deux cent trois livres dix-huit sols, cy . . . : . . . . 203 l. 18 s.

SEPTIÈME CHAPITRE.

*De dépense à cause des payements fait pendant les cincq jours de la
feste et autres pendant l'an de ce compte.*

Fait dépense de dix sols au sergent Caron pour avoir publié la feste au coin de la ville comme d'ordinaire, cy . . . . , ... 10 s.

Fait dépense de dix-sept livres dix-neuf sols pour l'homage à Messieurs de St-Vast le jour du St-Sacrement pour deux pièces de princel l'une à une cotte, l'autre à deux cottes compris les deux pot de vin et les six pains, cy . . . . 17 l. 19 s.

De celle d'onze livres payé aux joueurs de viollons et aubois pour avoir joué au Beuffroy à onze heures et à quatre heures ayant annoncé la feste avant la ville, cy . . . . 11 l.

De celle de dix sols à ceux qui ont lavé les chapelles, cy . . . . 10 s.

Observe qu'il se payoit quarante sols aux hommes qui portoient les gaffanons ou bannières, croix et torces, ... mémoire.

Observe qu'il se payoit cincq livres aux quattre porteurs de pavillon . . . . mémoire.

De celle de six livres dix-neuf sols payés aux sergents de police qui ont gardé la Ste-Chandelle au lieu et place des sergents de Monsieur le grand Bailly, dont il n'en reste aucun, cy . . . . 6 l. 19 s.

De celle de six livres payé aux sergents du Chattelain pour le même sujet, cy. . . . . . . 6 l.

Observe qu'il se payoit quattre sols aux sergents à verges pour assister à la procession solennelle le jour de la feste. . . . . mémoire.

Il se payoit aux mêmes pour leur déjeûner comme d'ordinaire quattre livres dix sols . . mémoire.

Il se payoit aux arbalestriers pour avoir accompagné la Ste-Chandelle pendant la procession comme d'ordinaire quatorze livres . . . . . . mémoire.

Il se payoit quattre sols aux hommes qui portoient les cierges pour l'homage à la cathédralle et sera à l'avenir payé vingt sols . . . . mémoire.

Fait dépense de quarante-six sols six deniers payé au Sr Lemaire pour les images qu'il a fourny pendant l'an de ce compte suivant mémoire et quittance, cy . . . . 4 l. 6 s. 6 d.

Pour mémoire que ledit Lemaire a chez lui les planches des images qui appartiennent à la confrérie. . . . . mémoire.

Fait dépense de treize livres payé à Massinque pour les baguettes qu'il a livré, cy. . . . 13 l.

De celle de trois livres payé à François Cabuire pour avoir enregistré les noms et surnoms de messieurs les mayeurs, mairesses, confrères et consœurs et autres choses par lui faites suivant quittance, cy . . 3 l.

Somme totale du septième chapitre de dépense porte la somme de . . . . 61 l. 4 s. 6 d.

HUITIÈME CHAPITRE

A cause des sommes en forme de courtoisie aux officiers du roy.

Fait dépense de la somme de vingt livres revenant à monsieur le grand Bailly, pour ce qu'il doit accompagner la Ste-Chandelle durant les cinq jours de la feste l'an de ce compte, au moyen de laquelle somme ledit sieur doit le déjeûner annuellement à messieurs les mayeurs de cette charité et à leurs officiers le jour du St-Sacrement.

De celle de treize sols à monsieur le greffier de la gouvernance pour avoir accompagné la Ste-Chandelle.

De celle de douze livres payé aux sergents de la gouvernance pour avoir gardé la Ste-Chandelle pendant tous les jours de la feste l'an de ce compte comme d'ordinaire, cy . . . . 12 l.

De celle de six livres payé à Goulat et à Gamblin équevins de cette charité pour avoir donné le pain bény, pourchassé tous les dimanches et festes de la Ste Vierge pendant l'an de ce compte, cy . . . 6 l.

Somme totale du huitième chapitre de dépense porte. . . . . 18 l.

NEUVIÈME CHAPITRE.

Concernant la fondation de demoiselle Le Marchand.

Le comptable observe que ne lui ayant été rapporté aucun certificat de la décharge de la fondation de la demoiselle Marie Le Marchand, il n'a rien payé au maître d'école de la pauvreté d'Arras pour rétribution de ladite fondation . . . . mémoire.

DIXIÈME CHAPITRE

concernant les dépenses extraordinaires.

Fait dépense de vingt quattre sols payé à Pierre Pamart pour deux pains bénis, cy. . . . . . 1 l. 4 s.

De celle de quattre livres payé au nommé Boucher jardinier pour les bouquets qu'il a livrés pendant la feste l'an de ce compte, cy. . . . . . 4 l.

De celle de trois livres douze sols six deniers payés à Goulat et Gamblin équevins de cette charité pour avoir lavé les chapelles et mis les bouquets aux baguettes l'an de ce compte, cy. . . . . 3 l. 12 s. 6 d.

De celle de quarante sols payé à monsieur Le Soing procureur de cette charité pour les appostilles de ce compte comme d'ordinaire, cy. . . . 2 l.

De celle de neuf livres payé au Sr Lucet pour les tapisseries qu'il a fourny à la chapelle du préau pendant les cincq jours de la feste l'an de ce compte,
cy . . . . 9 l.

Observe que toutes les messes se payent actuellement par la sacristine. . . . . mémoire.

Fait dépense de six livres payé au Sr Collin pour avoir carillionné pendant les cincq jours de la feste de cette année, cy. . . . . 6 l.

De celle d'onze livres payé au Sr Collin pour avoir bondy la cloche Joyeuse pendant les cincq jours de la feste suivant quittance, cy . . . . 11 l.

Fait dépense de quarante-cinq sols payé au Sr Bethencourt chaudronier suivant quittance, cy   2 l. 5 s.

De cinequante sols payé à Nicolas Roger menuisier pour travail fait à la chapelle suivant quittance, cy . . . .   2 l. 10 s.

De celle de trente livres payé à Nicolas Godart suivant les ordres de messieurs les mayeurs pour une année de ses gages en qualité de serveur de messe de la chapelle échue le 20 juin 1770, cy . . . . .   30 l.

De celle de vingt livres payé à Augustin Piton pour une année de baleage autour de la chapelle et tirer de l'eau par ordre de messieurs les mayeurs et suivant quittance, cy. . . . .   20 l.

De celle de trois cent dix sept livres quatre sols trois deniers pour petits cierges, coupon, pain d'autel, et autres livré à la chapelle suivant mémoire et quittance, cy . . . .   317 l. 4 s. 3 d.

De celle de trois cent soixante cinq livres pour gages à la sacristine de la chapelle suivant quittance pour l'année finie au dernier juin 1770, cy.   365 l.

De celle de dix-huit livres cinq sols payé aux religieuses de l'Hôtel-Dieu pour blanchissage de linge suivant mémoire et quittance, cy . . .   18 l. 5 s.

De celle de quatre livres six sols payé à Romaine Bruyant pour racomodage de linge suivant quittance, cy . . . .   4 l. 6 s.

De douze sols payé à Maclou Godart pour racomodage du sceau suivant quittance, cy . . .   12 s.

De celle de quinze livres payé au Sr Joseph Colban facteur d'orgues pour les causes reprises en sa quittance, cy . . . .   15 l.

De celle de treize livres onze sols payé au S⁺ Caulers vitrier suivant mémoire et quittance, cy.   13 l. 11 s.

Fait dépense de vingt-huit livres seize sols six deniers payé aux religieuses de l'Hotel-Dieu pour blanchissage de linge suivant mémoire et quittance, cy.   28 l. 16 s. 6 d.

De celle de trente-cinq livres quatorze sols six deniers payé au S⁺ Maniette serurier pour les causes reprises en son mémoire et suivant quittance, cy .   35 l. 14 s. 6 d.

Somme totale du dixième chapitre de dépense porte la somme de . . . .   890 l. 0 s. 9 d.

CHAPITRE DE REPRISES.

FRENOYE.

Fait le comptable dépense par forme de reprise de la somme de onze livres qu'il a precompté à Jean Guislain Le Vrand du village de Frenoye pour les deux vingtièmes et accessoires de l'année 1769 suivant quittance du collecteur, cy. . . . .   11 l.

MORCHY.

Fait dépense par forme de reprise de neuf livres sept sols precompté à la Vᵉ de Charles Laguilier fermier à Morchy pour les deux vingtièmes et accessoires de l'année 1769 suivant quittance du collecteur, cy . .   9 l. 7 s.

De celle de deux cent livres qu'il n'a pas reçu des héritiers du feu sieur Watelet porté au deuxième chapitre de recette, cy . . . .   200 l.

De celle de trente-trois livres retenue par les mêmes héritiers pour les vingtièmes de la rente portée au deuxième chapitre de recette, cy . . . . .   33 l.

Somme totale du présent chapitre de reprise
porte . . . . 253 l. 7 s.

Somme totale de la dépense
et reprise porte. . . . . . . 1640 l. 1 s.

La recette du présent compte
porte la somme de . . . . . 1909 l. 9 s. 4 d. 11 p.

Et la dépense et reprise ne
montent qu'à. . . . . 1640 l. 1 s.

Pourtant la recette excède la
dépense de . . . . 299 l. 8 s. 4 d. 11 p.

A quoi joignant la somme de cincq cent quatre-vingt livres quinze sols sept deniers onze pites dont le comptable est trouvé redevable par la clôture du compte précédent, cy . . . . 580 l. 15 s. 7 d. 11 p.

Il se trouve débiteur de la
somme de . . . . 880 l. 4 s. 10 d.

Par compte fait, clos et arrêté à Arras, en double, les jours, mois et an cy-dessus, et les pièces justificatives ont été remises aux archives de la confrérie.

Ont signé :

V. Herman.   Dubois de Duisans.
Watelet de la Vinelle.   A.-B. Herman.
J.-B. Du Bois.   Duponchel.

XXXVI.

LISTE DES PRODUCTIONS DU SAINT-CIERGE D'ARRAS.

XIIe — XVIIIe SIÈCLE.

Des Cierges provenant de celui d'Arras ont été donnés aux localités suivantes :

1° En 1105, ST-POL, patrie du ménestrel Pierre Norman.

2° Id. BRUXELLES, dans le Brabant, dont le ménestrel Itier était originaire.

3° Id. DESVRES doit la possession de quelques parcelles du Saint Cierge à une circonstance toute particulière. Pierre Norman avait été chargé de porter à Boulogne un baril d'eau dans lequel se trouvaient quelques gouttes de cire du Cierge d'Arras. Mais l'histoire raconte qu'il fut obligé de s'arrêter à Desvres, parce que les chevaux de sa voiture refusèrent d'aller plus loin. Le comte Eustache de Boulogne se décida d'autant mieux à abandonner la relique à la paroisse de Desvres, que lorsqu'on ouvrit le baril, on le trouva, par un nouveau prodige, complètement rempli de cire.

4° Id. BLANDECQUES, près St-Omer. La nièce de l'évêque Lambert habitait l'Abbaye de cette paroisse où l'on voit encore un tableau représentant l'avénement du Saint-Cierge.

5° En 1106, RUISSEAUVILLE (arrondissement de Montreuil), dont l'Abbaye était, précisément à cette époque, gouvernée par un abbé nommé

Lambert, en sorte que le titre, qui relatait la donation faite par l'évêque d'Arras, portait cette inscription : LAMBERTUS LAMBERTO.

6° En 1107, LILLE. L'évêque Lambert avait été Grand-Chantre de la Collégiale de Saint-Pierre, à Lille. Le Saint Cierge de Lille fut déposé dans une chapelle voisine de l'église Saint-Étienne jusqu'en 1651, époque à laquelle on le transféra dans la chapelle de Notre-Dame de Lorette.

7° En 1112, FLEURBAIX, l'une des quatre paroisses du pays de Lalleu, dont la seigneurie appartenait autrefois à l'Abbaye de Saint-Vaast d'Arras.

8° En 1285, COURTRAI (Belgique) : Cierge donné à l'Abbaye de Groningue où il est encore conservé, ainsi qu'un tableau sur bois représentant l'apparition de Notre-Dame-des-Ardents.

9° Au XIII° siècle, PECQUENCOURT, près de l'ancienne Abbaye d'Anchin. C'est un nommé Ghévard qui y apporta quelques parcelles du Saint-Cierge d'Arras.

10° En 1350, BRUGES (Belgique). Partie du Cierge de Fleurbaix, qui provenait de celui d'Arras, donnée par Jean van Vancoys à la Société ou Ghilde des Ménestrels de Bruges.

11° Au XIV° siècle, DOUAI. Le Saint-Cierge de cette cité reposait dans la chapelle haute de l'Hôtel-de-Ville. Un second Cierge, provenant de celui de Pecquencourt, fut donné au couvent de Ste-Catherine de Sienne de cette ville en 1644.

12° En 1438, SENINGHEM (arrondissement de Saint-Omer), par l'entremise du duc de Croy, seigneur de l'endroit.

13° En 1481, AIRE-SUR-LA-LYS : Cierge déposé dans la chapelle de l'Hôtel-de-Ville.

14° Au XVI° siècle, THIENNES, près d'Aire. L'église de cette paroisse possède encore une statue de Notre-Dame-du-Joyel.

15° — FAUQUEMBERGUE (arrondissement de Saint-Omer), dont le Cierge était renfermé dans une châsse d'argent.

16° — MONCHEAUX, près Saint-Pol, suivant le témoignage d'Arn. Rayssius qui dit : *Insuper in vico qui Monticulus vocitatur, vulgari idiomate* Moncheaux, *inter Polopolim et Fervendium, adservatur una (candela).*

17° Au XVII° siècle, ŒUF, près Saint-Pol : son Cierge était conservé dans une châsse d'argent.

18° — OBLINGHEM, près Béthune, dont la paroisse était dédiée à Notre-Dame-du-Joyel.

19° — WAMBERCOURT (arrondissement de Montreuil), par l'entremise des seigneurs de Créquy.

20° Vers 1720, BUSNES (arrondissement de Béthune), possède encore aujourd'hui une statue de Notre-Dame-des-Ardents qui remonte à 1730 [1].

---

[1] Sanctuaires de N.-D. des Ardents ou notices sur les saints cierges provenant de la Sainte Chandelle d'Arras, par M. l'abbé Proyart, 1872.

XXXVII.

LISTE DES AUTEURS ANCIENS

Qui ont écrit sur le Saint-Cierge d'Arras [1]

BALDERIUS, auteur d'une *Chronique de Cambray*.

BALDUSINUS IPERIUS, religieux de l'abbaye de Saint-Bertin, *Chronicon Monasterii sancti Bertini* (1383).

MOLANUS, *Natales sanctorum Belgii* (1595).

ANSELMUS Gemblacensis abbas, *Cronicon post Sigebertum* (1137).

BERSACIUS, *De origine Comitatûs Artesiæ*.

ARNOLDUS RAISSIUS, *Trésor des reliques de Flandre*, fol. 306.

MIRŒUS, *Rerum belgicarum annales* (1624).

MEYERUS, *Annales rerum Flandricarum* (1561).

MAUCLERUS, en sa *Chronique* latine.

BARONIUS, en ses *Annales*.

HENRY DE SPONDE, en ses *Annales*.

F. LOCRIUS, *Chronicon belgicum*, fol. 153, 229, 262 et 289.

LAURENT BEYERLINCK, *Magnum theatrum vitæ humanæ*, fol. 63 (1631).

Les Estats, empires et principautés du monde, p. 360 (1549).

EMMANUEL SUEYRO, *Annales de Flandre*, liv. V, p. 140 (1624).

Le P. Martin l'HERMITE, *Histoire des saints* de la province de Lille, Douai et Orchies, p. 308 (1638).

Les *Récits* de Dom PRONIER, grand prieur de St-Vaast.

Les *Grandeurs de la Mère de Dieu*, dédiées à la Reine

MÉZERAY, historiographe de France.

[1] D'après un Mss. du cabinet de M. Laroche.

Gazet, *Histoire ecclésiastique des Pays-Bas* (1614).
Pierre Desmazure, commentateur de la coutume d'Artois.
Hébert, commentateur de la coutume d'Artois.
M. de Fleury, *Histoire ecclésiastique.*
Gallia christiana, t. III, fol. 318, 319 et 323.
Wimannus, religieux de St-Vaast, dans ses *Remarques* [1].
Nicole Gilles, *Histoire de France* (1500).
Malbrancq, *de Morinis* (1654), t. III, liv. ix, ch. 15.
Maillart, *Coutumes d'Artois*, p. 134, 135.
J. B. de Castillon, *Sacra Belgii chronologia*, fol. 363.

—

Il y a lieu de compléter cette liste par l'addition des ouvrages suivants :
Le P. Ignace, *Dictionnaire du diocèse d'Arras*, t. II et IV.
Bibliotheca cardinalis Sirleti, fol. 320 v., cité par le P. Fatou, le Registre Thieulaine, et d'autres manuscrits anciens.
Manuscrit de Blondin, chanoine d'Arras.
Manuscrit du P. Constantin.
Histoire du Cierge d'Arras, manuscrit in-4° anonyme.

[1] Cette mention de Wimannus ou Guimann est une véritable révélation : on s'étonnait à juste titre que l'illustre chroniqueur de l'abbaye de Saint-Vaast au XIIe siècle, le contemporain de la charte d'Alvise et des premières merveilles du St-Cierge, n'ait rien dit de la miraculeuse origine du culte de N.-D. des Ardents. Guimann n'en a pas parlé dans son *Cartulaire*, précisément parce qu'il avait traité cette question dans un autre travail, « en ses *Remarques* », manuscrit qui malheureusement n'existe plus.

Le manuscrit de M. Laroche nous apprend également que Guimann a raconté l'histoire de la Ste Manne, dans le même travail.

Ces indications concordent parfaitement avec cette note du Nécrologe de St-Vaast qui disait en parlant de Guimann : *Fusè alibi de eo.* Avant de connaître l'existence de ces « *Remarques* », nous ne savions rien de cet *alibi* révélé par le Nécrologe.

Antoine-Henri Brazier, *Diversités curieuses touchant la ville d'Arras*, mss. du XVIII° siècle.

Advénement de la Ste Chandellle d'Arras l'an 1105, mss. du XVII° siècle.

Recueil rédigé en 1770 au nom de la Confrérie de N.-D. des Ardents, par M. François-Xavier Desmazières, mss. des Archives de l'Évêché, de l'Académie d'Arras et de la Bibliothèque de cette ville.

Le nouveau théâtre du monde, p. 594 (1561).

Le guide universel des Pays-Bas, p. 332 et 334 (1576).

Le P. Porée, *Triple couronne de la Ste Vierge*, p. 201.

Le P. Antoine Deslions, *Elegiæ de cultis B. V. Mariæ* (1631), Élégie 10°.

Le P. Fatou, *Discours sur les prodiges du saint-Cierge d'Arras* (1693 et 1744).

Histoire du St Cierge, en latin, imprimée en 1612.

Description du voyage de J. Fontaine et de Louis Schonbub (1629-1633), Annales de l'acad. d'arch. de Belgique, t. XI.

Voyage littéraire de deux Religieux Bénédictins, t. II (1724).

Harduin, *Mémoires pour servir à l'histoire de la province d'Artois* (1763).

Dom Devienne, *Histoire d'Artois* (1784).

Hennebert, Histoire générale de la province d'Artois (1788).

XIXe SIÈCLE.

LaMbertVs sVsCepIt
eCCe Ioannes pIVs reDIntegrat[1].

XXXVIII.

LETTRE DE S. G. MGR. J.-B. LEQUETTE, ÉVÊQUE D'ARRAS,

pour le rétablissement du culte de Notre-Dame-des-Ardents et la construction d'une nouvelle église sous ce vocable.

1869.

Arras, le 25 février 1869.

A nos chers Diocésains de la ville d'Arras,

Parmi les gloires religieuses qui ont illustré la ville d'Arras dans les siècles passés, une des plus grandes a été le culte rendu à la sainte Vierge honorée sous le titre de Notre-Dame-des-Ardents. Un gracieux sanctuaire élevé au sein de la cité voyait de nombreux pèlerins accourir, chaque année, pour vénérer le Cierge sacré dont il était dépositaire. Mais, hélas, par le malheur des temps, ce sanctuaire avait disparu, et le culte de Notre-Dame-des-Ardents n'était plus qu'un souvenir.

Depuis qu'il a plu à la divine Providence de nous placer à la tête de ce Diocèse, nous avons conçu la pensée

---

[1] Chronogramme composé par M. le chanoine Van Drival à l'occasion de la pose de la première pierre de l'église Notre-Dame des Ardents : on y trouve heureusement rappelées les deux dates de l'établissement de ce culte par l'évêque Lambert en 1105 (MCV), et de sa restauration par Mgr J.-B. Lequette en 1869 (MDCCCLVVVIIII).

de rendre à la couronne de notre chère cité épiscopale ce fleuron qu'elle a perdu. Pouvions-nous ne pas éprouver l'ardent désir de réaliser cette pensée, en voyant si heureusement rétablis dans les villes de Boulogne et de Saint-Omer, les pèlerinages qui en faisaient aussi la gloire? Aussi lorsque, l'année dernière, de nombreux habitants d'Arras vinrent à Saint-Omer vénérer dans son antique sanctuaire Notre-Dame-des-Miracles, au milieu des félicitations adressées par nous aux pieux pèlerins, nous manifestâmes le vœu de notre cœur à l'égard de Notre-Dame-des-Ardents. Ce vœu, nous le savons, fut accueilli avec la plus entière sympathie ; il ne nous restait plus qu'à hâter le moment de le mettre à exécution.

Or, voici qu'une circonstance bien favorable se présente pour rendre à la cité d'Arras son sanctuaire et son culte de Notre-Dame-des-Ardents.

Depuis longtemps les habitants de la Basse-Ville, gênés dans l'accomplissement de leurs devoirs religieux par l'éloignement où ils sont de la Cathédrale, exprimaient le désir de voir s'élever au milieu d'eux une église qui leur offrît, sous ce rapport, une satisfaction qu'ils avaient peine à trouver dans la modeste et si étroite chapelle de la Communauté de Sainte-Agnès. La place attenante à cette Communauté, par l'heureux dégagement qu'elle a subi, présentait, pour la construction de cette église si désirée, le terrain le plus convenablement approprié. Dans la sollicitude pastorale qui nous anime pour tous nos chers diocésains, nous avons cru qu'il était de notre devoir de seconder des vœux depuis longtemps manifestés, en provoquant nous-même l'érection de l'église qui en est l'objet. Nous prîmes la confiance de communiquer notre dessein à M. le Maire de la ville d'Arras. Cet honorable et digne Magistrat accueillit avec sympathie une ouverture répondant d'ailleurs aux dispositions bienveillantes qu'il avait exprimées plus d'une fois à ce sujet. Le Conseil municipal, secondant notre désir, a décidé que la place de Sainte-Agnès serait mise à notre disposition pour y ériger l'église projetée. C'est un nouveau titre à notre reconnaissance déjà bien motivée par tout ce qu'il a accompli jusqu'ici, pour la satisfaction des besoins religieux de la ville d'Arras.

Il reste donc à trouver, dans la générosité des fidèles, les ressources nécessaires pour mener à bonne fin cette pieuse entreprise.

Il nous a semblé que placer la future église sous le vocable de Notre-Dame-des-Ardents, rétablir dans ce nouveau sanctuaire un culte que nos pères étaient fiers de posséder, ce serait exciter, pour sa construction, une ardeur à laquelle tous les habitants de la ville seraient heureux de prendre part. Quelle famille en effet refuserait d'apporter sa pierre à un monument qui renouerait si bien la chaîne d'une tradition momentanément interrompue, et serait, pour notre cité épiscopale le gage d'une protection dont les siècles antérieurs ont ressenti tant de fois les précieux effets? Aussi, avons-nous la confiance que notre appel sera entendu. Sans doute, nous comptons avant tout, sur l'initiative généreuse des habitants de la Basse-Ville, qui trouveront dans le nouveau sanctuaire la facile et pleine satisfaction de leurs besoins religieux : mais tous nos chers diocésains d'Arras voudront aussi offrir à Notre-Dame-des-Ardents le tribut d'une vénération dont nos pères nous ont transmis l'héritage.

Une commission vient d'être formée pour l'exécution du projet de la nouvelle église. M. le Maire a bien voulu en accepter la présidence. Elle se compose de :

MM. Plichon, maire, Président ; Wartelle-Deretz, conseiller général, Vice-Président ; Gardin, président du tribunal civil ; Lecesne, vice-président du conseil de préfecture ; Envent, archiprêtre de la cathédrale ; Grandguillaume, membre du conseil municipal ; B. Dauchez ; de Veyrac ; Cotteau ; Petit-Dourlens, Trésorier ; Bonnière ; de Clerck ; Van Drival, chanoine, Secrétaire.

Les honorables membres de la Commission ne tarderont pas à se rendre dans les différents quartiers de la ville pour y recueillir les offrandes et souscriptions.

Daigne Notre-Dame-des-Ardents bénir cette pieuse entreprise : puisse le nouveau sanctuaire qui lui sera dédié, être un foyer d'où rayonnent les grâces les plus abondantes sur toutes les familles de la ville d'Arras.

Signé : † Jean-Baptiste-Joseph,
Évêque d'Arras, Boulogne et Saint-Omer.

XXXIX.

INSCRIPTIONS

déposées dans la première pierre de l'Église Notre-Dame-des-Ardents.

1869.

Anno dominicæ incarnationis MDCCCLXIX, die verò mensis novembris septimâ, in festo SS. Reliquiarum, Ego Joannes Baptista Josephus Lequette, Episcopus Atrebat. Bol. Aud. benedixi et imposui primarium lapidem ecclesiæ B. M. V. Dominæ nostræ Ardentium dictæ, omnium impensis et zelo admirabili ædificandæ, præsentibus DD. Præfecto, Majore, venerabili Capitulo et proceribus civitatis, et adstante multo cleri et fidelium numero.

(Signé) † Joannes Baptista Josephus,
episc. Atreb. Bol. et Aud.

Anno dominicæ incarnationis 1869, die 7ª novembris, præsidente SSᵐ Romanæ Ecclesiæ Pio IX Pontifice, Napoleone III Gallis imperante, positus est primus lapis ecclesiæ B. M. V. Dominæ nostræ Ardentium dictæ civitatis Atrebatensis, Joanne Baptista Josepho Lequette, episc. Atreb. Bol. et Aud. præsentibus Capitulo, clero, et proceribus civitatis.

XL.

INDULGENCES ACCORDÉES PAR SA SAINTETÉ LE PAPE PIE IX.

1876.

Episcopus Atrebatensis ad pedes Sanctitatis suæ humiliter provolutus exponit quod in sua civitate episcopali Atrebatensi extiterit perantiqua devotio erga Beatissimam Virginem Mariam sub titulo Dominæ nostræ de Ardentibus (*Notre-Dame-des-Ardents*) invocatam.

Quæ quidem devotio ortum habuit anno 1105 eâ nempè occasione. Constat ex monumentis historicis ab anno 1080 usque ad annum 1140, pestem quamdam quæ vocabatur ignis ardens (*feu des ardents*) per varias Europæ regiones grassantem multas civitates et vicos depopulasse. Civitas Atrebatensis præsertim hoc morbo horribili afflicta fuit. Cum omnes ad Deum manus supplices tenderent, ut fert traditio firmissimis testimoniis suffulta, Beata Virgo Maria, die 28 maii anni 1105, apparuit Lamberto episcopo Atrebatensi et duobus joculatoribus, dùm in ecclesia cathedrali orarent, eisque tradidit Cereum, significans omnes ægrotos qui biberent aquam cui miscerentur guttæ ejusdem Cerei, sanitati immediatè esse restituendos. Eventus promissum B. M. V. mirabiliter subsecutus est: indè tam pretiosi Cerei veneratio; ad illud custodiendum et omni honore prosequendum efformata Confraternitas quam anno 1119 firmavit Gelasius secundus, Summus Pontifex.

Ex illo tempore, Confraternitas illa prælaudata, inter multas alias diversi generis quibus gaudebat civitas Atrebatensis, primum locum semper tenuit; et sanctum Cereum per subsequentes ætates innumeri cujusque conditionis peregrini, quos inter Divus Bernardus, pià devotione inviserunt, ut constat ex notitià historicà huic supplici libello adnexà. In plateà civitatis principali erectum erat sacellum pro tam pretiosi thesauri custodià, elegantiori modo perfectè adoptatum.

Sed eheu! sub finem ultimi sæculi, in diebus perturbationis Galliarum, scilicet mense julio 1791, sacrilegè funditùs eversum est monumentum illud cum multis aliis Deo dicatis. Attamen, Beatà Marià Virgine sanè providente, theca argentea in quà reconditum erat Cereum cum fragmentis pluribus ejusdem, impiis sacrilegorum manibus subrepta est, et post pacem ecclesiis galliarum redditam, RR. de la Tour-d'Auvergne Atrebatensi episcopo delata fuit. Sed illa theca cum fragmentis Cerei in sacrario ecclesiæ cathedralis reservata, publicæ fidelium venerationi usquè ad id temporis, non amplius fuit exposita.

Cùm autem Episcopus orator, tanto honori sanè impar, ad sedem episcopalem Atrebatensem evectus fuisset, nil magis cordi habuit quam ut devotionem erga Cereum et Beatam Virginem illius donatricem denuo suscitaret, et sic præsentes dies cum præteritis sociaret. Quapropter, mediantibus oblationibus ex parte civium Atrebatensium undequaquè collectis, pridiè quàm proficisceretur ad Concilium Vaticanum, nempè die 7 novembris 1869, benedixit et posuit maximo cum apparatu, circumstantibus magistratibus et populo civitatis primarium lapidem novæ ecclesiæ in honorem Beatæ Mariæ de Ardentibus et pro asservando Cereo erigendæ. Quæ quidem erectio nunc absoluta est, et civitas Atrebatensis ditatur novo Sanctuario pro cujus constructione impensa sunt plusquam ducenta millia francorum.

Porro, mense maio proxime occurrendo, dedicandum est novum illud sanctuarium, et die 21 ejusdem mensis, Cereum sacrum per processionem quàm maximo apparatu ordinandam ab Ecclesiâ Cathedrali solemniter deferetur in ecclesiam recenter exstructam in quâ deinceps asservabitur et publicæ fidelium venerationi exponetur.

Quapropter, ut fructuosius renovetur illa devotio sæcularis quam interruperunt infaustæ temporum calamitates, Episcopus Atrebatensis hic et nunc in Urbe præsens, ob piam ad Limina Apostolorum visitationem, humiliter supplicat Sanctitatem suam quatenus dignetur benigne concedere :

1° Ut omnes Christifideles qui confessi ac sacra communione refecti visitaverint novam ecclesiam in honorem B. M. V. de Ardentibus erectam, ibique oraverint aliquantulum juxta mentem Sanctitatis suæ, die 20 maii, vel in una octo dierum sequentium, indulgentiam plenariam defunctis applicabilem lucrari possint et valeant.

2° Ut eadem gratia concedatur quotannis consequenda, a fidelibus qui sub eisdem conditionibus, eamdem ecclesiam visitaverint, in una e supradictis diebus, scilicet a die 20 maii usque ad diem 28 anniversariam traditionis Cerei a Beata Virgine-Maria.

Episcopo Atrebatensi oratori pergratissimum erit, si illi datur, tanquam suæ peregrinationis ad Limina memoriale, reportare populo suo gratiam quam hic et nunc humiliter efflagitat

Sanctitatis suæ
Filius obedientissimus nec non et addictissimus.

† JOANNES-BAPTISTA-JOSEPHUS,
Episcopus Atrebatensis, Boloniensis et Audomarensis.

Romæ, in ædibus Seminarii gallici, die 31 januarii 1876.

DIE 31 JANV. 1876.

PRO GRATIA, SERVATIS CONDITIONIBUS,

PIUS, PP. IX.

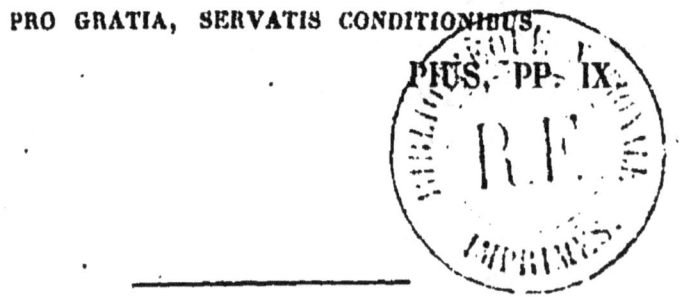

TABLE DES MATIÈRES

	Pages
Epitre dédicatoire	3
Préface	5

INTRODUCTION HISTORIQUE

Section 1re : Histoire du Saint-Cierge d'Arras	9
Section 2e : Histoire de la Confrérie de Notre-Dame-des-Ardents	35
Liste des Mayeurs de la Confrérie	48

PREMIÈRE PARTIE

Chronique rédigée en 1770 par M. Desmazières, Avocat au Conseil d'Artois, indiquant la Distribution, *siècle par siècle, des traditions et faits, etc., concernant le Saint-Cierge d'Arras.*

Douzième siècle	59
Treizième siècle	64
Quatorzième siècle	67
Quinzième siècle	69
Seizième siècle	73
Dix-septième siècle	79
Dix-huitième siècle	84

DEUXIÈME PARTIE

RECUEIL DES CHARTES

TITRES ET PIÈCES JUSTIFICATIVES

XII° SIÈCLE

I. — Epitaphe de Lambert, évêque d'Arras (1115) ...	87
II. — Bulle du Pape Gélase II (1119)	88
III. — Acte de Robert, évêque d'Arras (1120).......	90
IV. — Charte d'Alvise, évêque d'Arras (1133).......	91
V. — Statuts primitifs de la Confrérie de N.-D. des Ardents (1194)............................	103

XIII° SIÈCLE

VI. — Additions aux Statuts de la Confrérie (1224)...	110
VII. — Charte d'Asson, évêque d'Arras (1241).......	114
VIII. — Formule de réception dans la Confrérie (1241)	114
IX. — Lettre comendatoire du maieur des Ardentz à l'hospital des pauvres clercs (1248)..........	115
X. — Donation d'Adam le Sauvage (1250).........	116
XI. — Règlement de la Confrérie au XIII° siècle	117
XII. — Advènement du Sainct-Chierge en vers anciens quy se chantent la veille de l'Assomption. Poëme du XIII° siècle	127
XIII. — Règlement touchant les chandelles estans allentour du corps d'un Confrère (1281)	155
Traduction du document précédent faite au XIV° siècle, touchant le droit des estaveulx....	157

XIV° SIÈCLE

XIV. — Hommages dus à l'Abbaye de Saint-Vaast (vers 1315)................................	160
XV. — Reconnaissance du mayeur de la Confrérie (1320)	165
XVI. — Lettres de la comtesse Mahaut (1320).......	166

XVII. — Nouvelles additions aux Statuts de la Confrérie (1338)............................ 167

XVIII. — Charte de Philippe d'Arbois, évêque de Tournay, relative au Saint-Cierge de Lille (1376)............................ 170

XIX. — Nouvelles additions aux Statuts de la Confrérie (1383)............................ 174

XVᵉ SIÈCLE

XX. — Lettres de Philippe de Bourgogne (1401)...,.. 176

XXI. — Fondation faicte par Jean de Sacquespée d'une messe quotidienne et perpétuelle à la chapelette de la Saincte-Chandelle (1421)............. 177

XXII. — Rapport fait à la Prévôté de Beauquesne, relativement au « droit des estaveulx » (1434)... 181

XXIII. — Lettres relatives à la procession du Saint-Cierge (1477)............................ 184

XXIV. — Lettres de *Vidimus* de la Charte de 1133 reproduite en 1241, sous le Pape Sixte IV (1482)............................ 186

XVIᵉ SIÈCLE

XXV. — Lettres de non-préjudice délivrées au nom de la Confrérie (1537)....................... 190

XXVI — Règlement de la cotisation annuelle et autres droits (1546)............................. 192

XXVII. — Règlement touchant le bancquet principal du Maieur (1553)....................... 192

XXVIII.— Inscriptions de l'autel St-Séverin dans l'ancienne Cathédrale d'Arras (1576) 195

XVIIᵉ SIÈCLE

XXIX. — Recognoissance du Pasteur de St-Nicolas, touchant les candelles estant allentour du corps des Confrères, de l'an 1604................. 197

XXX. — *De sacro Cereo attrebatensi* (1612).......... 198

XXXI. — Indulgences concédées par Herman Ottemberg, évêque d'Arras (1615)................ 201

XXXII. — Indulgences à perpétuité, accordées par le Pape Innocent X (1648) 202

XXXIII. — Table des Titres appartenans à la Confrairie de N.-D. des Ardans (1287-1688) 206

XXXIV. — Table des noms cités dans les Titres précédents (1287-1688)...................... 216

XVIIIe SIÈCLE

XXXV. — Compte *spécimen* de la Confrérie de Notre-Dame-des-Ardents (1770).......... 222

XXXVI. — Liste des productions du Saint-Cierge d'Arras (XIIe-XVIIIe siècle)................ 242

XXXVII. — Liste des auteurs anciens qui ont écrit sur le Saint-Cierge d'Arras (XIIe-XVIIIe siècle) 245

XIXe SIÈCLE

XXXVIII. — Lettre de S. G. Mgr Lequette, évêque d'Arras, pour le rétablissement du culte de N.-D. des Ardents et la construction d'une nouvelle Eglise sous ce vocable (1869) 248

XXXIX. — Inscriptions déposées dans la première pierre de l'église N.-D. des Ardents (1869).... 251

XL. — Indulgences accordées par S. S. le Pape Pie IX (1876)...................... 252

Société catholique du *Pas-de-Calais*, imprimeur de l'Évêché.

www.ingramcontent.com/pod-product-compliance
Lightning Source LLC
Chambersburg PA
CBHW070624170426
43200CB00010B/1910